プリント形式のリアル過去問で本番の臨場感！

宮崎県

日向学院 高等学校

2025年春 受験用

解答集

本書は，実物をなるべくそのままに，プリント形式で年度ごとに収録しています。
問題用紙を教科別に分けて使うことができるので，本番さながらの演習ができます。

■ 収録内容

・解答集（この冊子です）

　　書籍ＩＤ番号，この問題集の使い方，最新年度実物データ，リアル過去問の活用，
　　解答例と解説，ご使用にあたってのお願い・ご注意，お問い合わせ

・2024（令和６）年度 ～ 2022（令和４）年度　学力検査問題

JN132596

Oは収録あり　　　　　　年度	'24	'23	'22		
■ 問題収録	○	○	○		
■ 解答用紙	○	○	○		
■ 配点					
■ 英語リスニング音声・原稿					

解答はありますが
解説はありません

☆問題文等の非掲載はありません

教英出版

■ 書籍ID番号

入試に役立つダウンロード付録や学校情報などを随時更新して掲載しています。
教英出版ウェブサイトの「ご購入者様のページ」画面で，書籍ID番号を入力してご利用ください。

書籍ID番号　**104345**

（有効期限：2025年9月30日まで）

【入試に役立つダウンロード付録】
「ラストチェックテスト（標準／ハイレベル）」
「高校合格への道」

■ この問題集の使い方

　年度ごとにプリント形式で収録しています。針を外して教科ごとに分けて使用します。①片側，②中央のどちらかでとじてありますので，下図を参考に，問題用紙と解答用紙に分けて準備をしましょう（解答用紙がない場合もあります）。

　針を外すときは，けがをしないように十分注意してください。また，針を外すと紛失しやすくなりますので気をつけましょう。

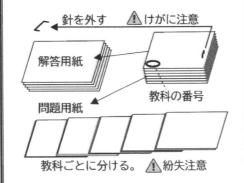

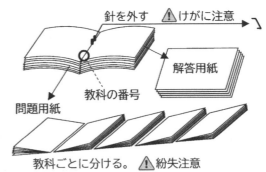

※教科数が上図と異なる場合があります。
　解答用紙がない場合や，問題と一体になっている場合があります。
　教科の番号は，教科ごとに分けるときの参考にしてください。

■ 最新年度 実物データ

　実物をなるべくそのままに編集していますが，収録の都合上，実際の試験問題とは異なる場合があります。実物のサイズ，様式は右表で確認してください。

問題用紙	B5冊子（二つ折り）
解答用紙	B4片面プリント

リアル過去問の活用

~リアル過去問なら入試本番で力を発揮することができる~

✿ 本番を体験しよう！

問題用紙の形式（縦向き／横向き），問題の配置や余白など，実物に近い紙面構成なので本番の臨場感が味わえます。まずはパラパラとめくって眺めてみてください。「これが志望校の入試問題なんだ！」と思えば入試に向けて気持ちが高まることでしょう。

✿ 入試を知ろう！

同じ教科の過去数年分の問題紙面を並べて，見比べてみましょう。

① 問題の量

毎年同じ大問数か，年によって違うのか，また全体の問題量はどのくらいか知っておきましょう。どのくらいのスピードで解けば時間内に終わるのか，大問ひとつにかけられる時間を計算してみましょう。

② 出題分野

よく出題されている分野とそうでない分野を見つけましょう。同じような問題が過去にも出題されていることに気がつくはずです。

③ 出題順序

得意な分野が毎年同じ大問番号で出題されていると分かれば，本番で取りこぼさないように先回りして解答することができるでしょう。

④ 解答方法

記述式か選択式か（マークシートか），見ておきましょう。記述式なら，単位まで書く必要があるかどうか，文字数はどのくらいかなど，細かいところまでチェックしておきましょう。計算過程を書く必要があるかどうかも重要です。

⑤ 問題の難易度

必ず正解したい基本問題，条件や指示の読み間違いといったケアレスミスに気をつけたい問題，後回しにしたほうがいい問題などをチェックしておきましょう。

✿ 問題を解こう！

志望校の入試傾向をつかんだら，問題を何度も解いていきましょう。ほかにも問題文の独特な言いまわしや，その学校独自の答え方を発見できることもあるでしょう。オリンピックや環境問題など，話題になった出来事を毎年出題する学校だと分かれば，日頃のニュースの見かたも変わってきます。

こうして志望校の入試傾向を知り対策を立てることこそが，過去問を解く最大の理由なのです。

✿ 実力を知ろう！

過去問を解くにあたって，得点はそれほど重要ではありません。大切なのは，志望校の過去問演習を通して，苦手な教科，苦手な分野を知ることです。苦手な教科，分野が分かったら，教科書や参考書に戻って重点的に学習する時間をつくりましょう。今の自分の実力を知れば，入試本番までの勉強の道すじが見えてきます。

✿ 試験に慣れよう！

入試では時間配分も重要です。本番で時間が足りなくなってあわてないように，リアル過去問で実戦演習をして，時間配分や出題パターンに慣れておきましょう。教科ごとに気持ちを切り替える練習もしておきましょう。

✿ 心を整えよう！

入試は誰でも緊張するものです。入試前日になったら，演習をやり尽くしたリアル過去問の表紙を眺めてみましょう。問題の内容を見る必要はもうありません。どんな形式だったかな？受験番号や氏名はどこに書くのかな？…ほんの少し見ておくだけでも，志望校の入試に向けて心の準備が整うことでしょう。

そして入試本番では，見慣れた問題紙面が緊張した心を落ち着かせてくれるはずです。

※まれに入試形式を変更する学校もありますが，条件はほかの受験生も同じです。心を整えてあせらずに問題に取りかかりましょう。

《国 語》

一 問1．1．枠組 2．向上 3．抵抗 4．励 5．わ 問2．a．オ b．ウ c．エ d．イ
問3．ア．おっしゃる イ．申し上げる 問4．エ 問5．想像力 問6．送り手の真意を、受け手がきちんと推測できたとき。 問7．交渉力のあ～うとする。 問8．自分の言い分ばかり主張する 問9．ア

二 問1．1．支障 2．けいだい 3．秩序 4．ほどこ 5．漆 問2．神職である我々の役割
問3．両者が対立し、折り合わない。 問4．果応報 問5．ア 問6．二本ともに大猪の血がついています。 問7．目の前にある現実が信じられないという驚きの気持ち。 問8．魔物はあるという説
問9．自分の言ったことが絶対に正しいという自信を持っていた波多江の気持ち。

三 問1．A．まいり B．つかわし 問2．読み…ア 月…十二 問3．雪山 問4．ウ
問5．あまり～りける 問6．エ 問7．イ

《数 学》

1 (1)26 (2)$\dfrac{x-2}{12}$ (3)$7\sqrt{5}$ (4)$-\dfrac{2x}{3y}$ (5)-1，-5

2 (1)$\sqrt{15}$ (2)$a=-5$ $b=-14$ (3)$\dfrac{1}{6}$ (4)イ，エ (5)80 (6)18 (7)①65 ②48

3 (1)$\dfrac{1}{2}$ (2)6 (3)$y=4x-6$ (4)$(\dfrac{10}{3}$ ，$\dfrac{22}{3})$

4 (1)5 (2)11時45分 (3)$\begin{cases}\dfrac{x}{12}+\dfrac{y}{4}=\dfrac{25}{60}\\[2mm]\dfrac{x}{4}+\dfrac{y}{12}=\dfrac{35}{60}\end{cases}$ (4)8

5 (1)平行…① ねじれの位置…③ (2)32 (3)$\dfrac{4}{5}$ (4)$\dfrac{52}{3}$

《英 語》

1 放送原稿非公表のため，解答例は掲載しておりません。

2 (1)wrong (2)cold (3)fast

3 (1)holiday (2)dentist (3)kitchen

4 (1)It was so hot that I couldn't sleep (2)one can live without water on (3)have never seen such a beautiful bird

5 <u>Would</u> you tell me how to get there? 〔別解〕<u>Would</u> you tell me the way to the hotel? (下線部は<u>Could</u>／<u>Will</u>／<u>Can</u> でもよい)

6 問1．ウ 問2．21500 問3．ア，エ

7 問1．①ア．7 イ．health ②ウ．angry エ．problems ③オ．short カ．10 ④キ．sleepy ク．homework
問2．(ａの例文)we can enjoy our school life and also get a good sleep at night (ｂの例文)we can't have enough time to prepare for the classes we have in the afternoon

8 問1．①playing ④named 問2．子どものように世の中を見る目。〔別解〕子どものような世界観。
問3．それまでとは違うキャラクターや話の筋のあるゲーム。 問4．A red hat and a big mustache did.
問5．キ→カ→ウ→ク→ア→エ→イ→オ

《理　科》

1. I．(1)①○　②○　③×　④○　⑤×　⑥○　(2)$2NaHCO_3→CO_2+H_2O+Na_2CO_3$

(3)①S　②M　③M　④M　⑤S　⑥C　(4)15　(5)$H_2SO_4→SO_4^{2-}+2H^+$　(6)$H_2SO_4+Ba(OH)_2→BaSO_4+2H_2O$

Ⅱ．(1)イ　(2)示準化石　①イ　②ア　(3)1012　(4)エ　(5)40.7

2. (1)ア　(2)双子葉植物〔別解〕双子葉類　(3)❶主根と側根から構成される。　❷維管束が輪状に並んでいる。

(4)オ　(5)離弁花　(6)❶①柱頭　②胚珠　③子房　❷雌雄同花　❸果実　(7)イ，エ　(8)カ　(9)ア

3. (1)実像　(2)4　(3)下図　(4)ウ　(5)エ　(6)下図　(7)下図　(8)距離…2　高さ…2

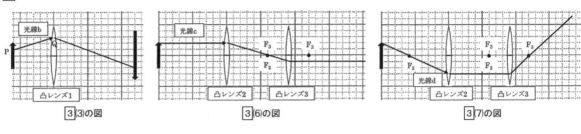

《社　会》

1. 問1．四国　　問2．台風が多いため，住居のつくりを低くし，家の周りを石垣で囲っている。　　問3．ⅰ．イ

ⅱ．エ　ⅲ．北海道は，農家一戸あたりの耕地面積が広い。　　問4．ⅰ．ウ　ⅱ．リアス　ⅲ．エ

問5．ⅰ．ウ　ⅱ．B→A→C　　問6．ⅰ．ウ　ⅱ．A．北大西洋　B．偏西　ⅲ．ア　　問7．イ

2. 問1．八幡製鉄所　　問2．ウ　　問3．ウ　　問4．祭器／祈り／神をまつる　などから1つ　　問5．ⅰ．ウ

ⅱ．エ　　問6．日本には鉄鉱石がほとんどない／取れなくなったの　　問7．ⅰ．勘合(符)　ⅱ．倭寇

問8．流通事情が悪く，他地域からの鉄が入手困難だったため。(下線部は手に入らなかったためでもよい)

問9．1番目…ウ　3番目…オ　5番目…イ　　問10．ⅰ．オ　ⅱ．大砲　　問11．ⅰ．ウ　ⅱ．枢軸国

問12．ソビエト社会主義共和国連邦〔別解〕ソ連

3. 問1．A．エ　B．ア　C．ウ　D．イ　　問2．A．ア　B．ウ　C．イ　D．オ　E．エ　　問3．A．ウ

B．ウ　C．ウ　　問4．男女雇用機会均等法　　問5．エ　　問6．A．ア　B．ア　C．イ

問7．A党…4　B党…3　C党…2　D党…1　　問8．エ　　問9．D．通常　E．臨時

問10．ⅰ．A．イ　B．イ　C．ア　ⅱ．a．1500　b．144000　　問11．ⅰ．インフレーション　ⅱ．イ，キ

問12．中小企業の数は99％あるのに，大企業に比べて賃金は6割程度で大きな格差がある。　　問13．ア

《国　語》

一　問1．ア．実施　イ．にご　ウ．供給　エ．相応　オ．潜在　　問2．ａ．イ　ｂ．エ　ｃ．オ

問3．ⅰ．ア　ⅱ．ウ　ⅲ．ウ　　問4．Ⅰ．廃棄　Ⅱ．生産　Ⅲ．消費　Ⅳ．所有の果て　Ⅴ．購入

問5．堕落　　問6．使い込むことによって、ものやものに託された暮らしの豊かさが成就するから。

問7．エ

二　問1．ア．確信　イ．きんこう　ウ．刺激　エ．純粋　オ．覆　　問2．Ａ．イ　Ｂ．エ

問3．ａ．オ　ｂ．ウ　　問4．孤独　　問5．まわりにうごめくはっきりと形をもたないものを急速に実感し始

めているということ。　　問6．濃密な愛で満たされていない状態。　　問7．オ　　問8．ア，ウ，カ

三　問1．ⅰ．このえどの　ⅱ．おおせられて　ⅲ．そうろう　　問2．Ａ．ア　Ｂ．ア　　問3．ウ，オ，キ

問4．農民たちは読み書きができなかったから。　　問5．左近尉が農民たちから年貢を強引に取り立てたこと。

問6．Ⅰ．損なわれてしまう　Ⅱ．左近　Ⅲ．近衛殿　　問7．ウ　　問8．ｂ

《数　学》

1 (1)−17　(2)4ａ²ｂ²　(3)−2√2　(4)$x=6$　$y=-4$　(5)−3±√29

2 (1)x^2　(2)720　(3)① $\frac{1}{2}$　② $\frac{3}{8}$　(4)60％含む合金…125　20％含む合金…75　(5)61.5　(6)63

(7)①200　②75

3 (1)$\frac{1}{4}$　(2)3：2　(3)15　(4)$-\frac{9}{2}x+6$

4 (1)12　(2)1：5　(3)180π+108

5 (ア)x^2　(イ)3　(ウ)4　(エ)$2x-8$　(オ)$-x^2+16x-48$　(カ)$x^2-10x+40$　(キ)5

(ク)6

《英　語》

1 放送原稿非公表のため，解答例は掲載しておりません。

2 (1)I have lost the bag my mother bought　(2)is twice as expensive as that one　(3)What is the flower called in

(4)What kind of movies are you interested in　(5)I am looking forward to seeing her

3 (1)birthday　(2)zoo　(3)population　(4)written　(5)cousin

4 What language is spoken there〔別解〕What language do they speak there

5 (1)2000　(2)ウ　(3)イ，オ

6 Ａ．ア　Ｂ．ウ　Ｃ．イ　Ｄ．エ

7 (1)体育の先生になること。　(2)右足を切断すること。　(3)(病院で)彼よりも年下の子供たちがガンと闘ってい

る姿を見たこと。　(4)is hard for you to do it　(5)ウ，オ　(6)イ　(7)ア　(8)イ

1　Ⅰ．⑴①胚珠　②花粉袋　⑵図１．ア　図２．イ　⑶ウ　⑷種子　⑸裸子植物　⑹食べられて未消化の種子が排せつされたり食べこぼされたりして運搬される。　Ⅱ．⑴１：１　⑵０：１：１　⑶１：２：５　⑷75

2　①非電解質　②分子　③電離　④NaCl→Na⁺＋Cl⁻　⑤青　⑥電気分解　⑦CuCl₂→Cu＋Cl₂　⑧9.1　⑨0.84／減った　⑩❶銅〔別解〕Cu　❷3.98　⑪銅は増えない〔別解〕変化しない

3　Ⅰ．⑴イ，エ　⑵ア　⑶右図　⑷エ　Ⅱ．⑴❶太陽　❷水蒸気　❸地下水　⑵ア

4　⑴❶入射角　❷屈折角　❸ア　❹ウ　❺AとBの比を計算して一定ではないことから確かめる。／AとBを縦軸と横軸にとってグラフを書き，原点を通る直線ではないことから確かめる。などから１つ
⑵全反射　⑶下　⑷ウ，オ，カ　⑸30°…1.33　60°…1.33

1　問１．エコツーリズム　問２．ア　問３．暴風を防ぐために，石垣や木で家の周囲を囲んだり，軒を低くかまえて，かわらを漆喰で固定したりする　問４．液状化現象　問５．オ　問６．大阪に本社のあった企業が東京に移転するなど東京への一極集中　問７．関東ローム　問８．エ　問９．ゲリラ豪雨や大雨発生時の地下鉄駅構内への水の流入の防止　問10．環太平洋パートナーシップ協定〔別解〕ＴＰＰ　問11．エ
問12．積雪により道路の幅が分からなくなった時に道路の外側の目印にする

2　問１．ウ　問２．須恵器　問３．ウ　問４．イ　問５．天平文化は中国や西アジアの影響を受けた国際色豊かな文化だったが，それに対し国風文化は遣唐使の廃止により日本の風土に合った洗練された文化だった。
問６．道元／栄西　問７．京都の警備／朝廷の監視／西国武士の統制　のうち２つ　問８．牛馬を使った耕作と，二毛作が広まったため。　問９．元寇の時に多くの費用を使ったのに，恩賞を十分に受け取れなかったため。
問10．倭寇　問11．勘合貿易　問12．ア，イ，ウ，エ　問13．イ　問14．南京条約
問15．作業場に道具をそろえ，村民を集めて分業と協業による生産をはじめた。　問16．イ　問17．ア

3　問１．ウ　問２．ウ　問３．エ　問４．ウ　問５．イ，ウ　問６．イ　問７．防衛費は世界で８番目に多いが，対ＧＤＰ比では上位10か国で最も低い。　問８．ウクライナ　問９．①石油危機が原因で石油が減り，天然ガス・原子力が増えた。　②東日本大震災が原因で原子力が減り，石炭・天然ガスが増えた。（下線部は福島第一原発事故でもよい）　問10．大規模な発電が可能／二酸化炭素を出さない／燃料が安定して供給できる　のうち１つ　問11．ア

《 国 語 》

一 問1．ア．綿密　イ．安易　ウ．遭遇　エ．吸収　オ．不可欠　　問2．①オ　②ウ　③エ　④イ
問3．過程　　問4．ⅰ．ウ　ⅱ．エ　ⅲ．イ　　問5．Ⅰ．オ　Ⅱ．イ　Ⅲ．エ　　問6．実際に将棋を指した
ときの判断や決断を次に生かすこと。　　問7．身につくことが少ない　　問8．まず、ある程度までは一人で考
えること。　　問9．エ

二 問1．ア．退屈　イ．締　ウ．対抗　エ．壇上　オ．厄介　　問2．A．イ　B．エ　　問3．ⅰ．ウ
ⅱ．ア　　問4．A．クラスの団結という目的のために合唱が手段となっていること。　B．ウ　　問5．イ
問6．ウ　　問7．音楽が得意そうだから　　問8．エ　　問9．ア

三 問1．1．あわれに　2．いたる　　問2．A．ウ　B．ア　C．イ　　問3．裕福な生活ができるように、神が
米や紙以上のものを与えてくれること。　　問4．A．いと貧しかりける　B．思うままに使っても減ることのな
い紙と米　　問5．ア　　問6．イ

《 数 学 》

---

1 (1)－6　　(2)$\dfrac{2x+11y}{12}$　　(3)$\sqrt{3}$　　(4)－12ab　　(5)－3$\pm\sqrt{10}$

2 (1)21　　(2)12$\sqrt{2}$　　(3)8　　(4)$\dfrac{1}{12}$　　(5)15°

3 ア．$y+3$　　イ．$x-3$　　ウ．$y-4$　　エ．$x+y$　　オ．23　　カ．13

4 (1)1　　(2)(8, 16)　　(3)48　　(4)(－4, 4), (16, 64)

5 (1)ア．Ⓑ　イ．Ⓒ　　(2)$\dfrac{1}{2}$(b－a)　　(3)1：4　　(4)b－a

6 (1)右図　　(2)$\dfrac{1}{3}$a³　　(3)Ⓐ　　(4)2a²＋$\sqrt{2}$a²

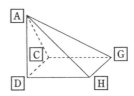

《 英 語 》

---

1 リスニング問題省略

2 (1)favorite　　(2)capital　　(3)ninth　　(4)uncle　　(5)color〔別解〕colour

3 ①c　　②c　　③d　　④d　　⑤b

4 (1)that tall boy playing soccer in the park　　(2)something cold to drink　　(3)to carry it to the music room
(4)tell me how to use this computer　　(5)I have to finish my math

5 (1)b　　(2)b　　(3)b　　(4)c

6 (1)エ　　(2)②29　③14.9　　(3)④オ　⑤カ　　(4)イ，エ

7 (1)男性の医者に体を見られて恥ずかしい　　(2)doctor　　(3)女性だから／試験を受けられない
(4)Some／patients／didn't ～ leave／the／clinic　　(5)ゆきよしが吟子よりも若かったから。　　(6)ウ
(7)(ｂの例文)some girls couldn't pass the tests for some medical colleges because of their sex.

━━━━━━━━━━━━━━━━ 《理　科》 ━━━━━━━━━━━━━━━━

1　(1)①細胞膜　②核　③葉緑体　④液胞　⑤細胞壁　　(2)D→B→A→C→E　　(3)640　　(4)ウ　　(5)対照実験
　　(6)オ　　(7)B　　(8)ア　　(9)デンプン

2　(1)右図　　(2)電流を通しやすくするため。　　(3)$NaOH→Na^++OH^-$　　(4)H_2SO_4
　　(5)陽極…塩素　陰極…水素　　(6)ア　　(7)0.0036　　(8)100

3　(1)①ア　②ク　③キ　④オ　　(2)オ　　(3)①ア　②イ　③ア　④イ　　(4)イ

4　(1)A．4.0　B．6.0　　(2)10　　(3)1.0　　(4)1.0　　(5)ウ　　(6)1.0　　(7)ア　　(8)9.5　　(9)$\dfrac{V}{I}-0.5$

━━━━━━━━━━━━━━━━ 《社　会》 ━━━━━━━━━━━━━━━━

1　問1．札幌　　問2．ウ　　問3．①米　④大豆　　問4．[県名／地図]　(1)[岩手／3]　(2)[山形／6]
　　問5．ア，イ　　問6．夏の太平洋側でやませと呼ばれる冷たく湿った風が吹き，気温があまり高くならない。
　　問7．1．関東ローム層〔別解〕火山灰　2．利根　3．沖ノ鳥　4．南鳥　　問8．ウ　　問9．県名…山梨
　　県庁所在地…甲府　　問10．オ，カ　　問11．琵琶湖　　問12．県名…兵庫　経度…東／135　　問13．ウ，エ
　　問14．干害　　問15．イ　　問16．エコツーリズム　　問17．フェアトレード　　問18．南アフリカ共和国

2　問1．A．ウ　B．ア　　問2．(1)ア　(2)カ　　問3．(1)ウ　(2)廃藩置県が実施されたから。　　問4．ア
　　問5．日本の言葉と　　問6．(1)バテレン追放令　(2)南蛮貿易を継続したため(，貿易活動と一体化して布教が行
　　われていたキリスト教の取り締まりは不徹底に終わった)。　　問7．(1)a．ウ　b．ア　c．カ　d．エ
　　e．キ　f．オ　(2)ウ　　問8．ウ　　問9．征韓論　　問10．(1)ウ，オ　(2)カ

3　問1．象徴　　問2．ウ　　問3．(1)ウ　(2)イ　　問4．(1)ウ　(2)イ　　問5．60　　問6．衆議院は参議院より
　　も任期が短く，解散もあるために民意を反映しやすいから。　　問7．弾劾裁判所　　問8．ウ　　問9．A．ウ
　　B．ア　C．ウ　D．ウ　E．ア　　問10．イ　　問11．エ　　問12．A．イ　B．ア　C．イ　D．イ

■ ご使用にあたってのお願い・ご注意

（1）問題文等の非掲載

著作権上の都合により，問題文や図表などの一部を掲載できない場合があります。

誠に申し訳ございませんが，ご了承くださいますようお願いいたします。

（2）過去問における時事性

過去問題集は，学習指導要領の改訂や社会状況の変化，新たな発見などにより，現在とは異なる表記や解説になっている場合があります。過去問の特性上，出題当時のままで出版していますので，あらかじめご了承ください。

（3）配点

学校等から配点が公表されている場合は，記載しています。公表されていない場合は，記載していません。

独自の予想配点は，出題者の意図と異なる場合があり，お客様が学習するうえで誤った判断をしてしまう恐れがあるため記載していません。

（4）無断複製等の禁止

購入された個人のお客様が，ご家庭でご自身またはご家族の学習のためにコピーをすることは可能ですが，それ以外の目的でコピー，スキャン，転載（ブログ，ＳＮＳなどでの公開を含みます）などをすることは法律により禁止されています。学校や学習塾などで，児童生徒のためにコピーをして使用することも法律により禁止されています。

ご不明な点や，違法な疑いのある行為を確認された場合は，弊社までご連絡ください。

（5）けがに注意

この問題集は針を外して使用します。針を外すときは，けがをしないように注意してください。また，表紙カバーや問題用紙の端で手指を傷つけないように十分注意してください。

（6）正誤

制作には万全を期しておりますが，万が一誤りなどがございましたら，弊社までご連絡ください。

なお，誤りが判明した場合は，弊社ウェブサイトの「ご購入者様のページ」に掲載しておりますので，そちらもご確認ください。

■ お問い合わせ

解答例，解説，印刷，製本など，問題集発行におけるすべての責任は弊社にあります。

ご不明な点がございましたら，弊社ウェブサイトの「お問い合わせ」フォームよりご連絡ください。迅速に対応いたしますが，営業日の都合で回答に数日を要する場合があります。

ご入力いただいたメールアドレス宛に自動返信メールをお送りしています。自動返信メールが届かない場合は，「よくある質問」の「メールの問い合わせに対し返信がありません。」の項目をご確認ください。

また弊社営業日（平日）は，午前９時から午後５時まで，電話でのお問い合わせも受け付けています。

=== 2025 春

株式会社教英出版

〒422-8054　静岡県静岡市駿河区南安倍３丁目 12-28

TEL　054-288-2131　　FAX　054-288-2133

URL　https://kyoei-syuppan.net/

MAIL　siteform@kyoei-syuppan.net

教英出版 2025年春受験用 高校入試問題集

公立高等学校問題集

北海道公立高等学校
青森県公立高等学校
宮城県公立高等学校
秋田県公立高等学校
山形県公立高等学校
福島県公立高等学校
茨城県公立高等学校
埼玉県公立高等学校
千葉県公立高等学校
東京都立高等学校
神奈川県公立高等学校
新潟県公立高等学校
富山県公立高等学校
石川県公立高等学校
長野県公立高等学校
岐阜県公立高等学校
静岡県公立高等学校
愛知県公立高等学校
三重県公立高等学校(前期選抜)
三重県公立高等学校(後期選抜)
京都府公立高等学校(前期選抜)
京都府公立高等学校(中期選抜)
大阪府公立高等学校
兵庫県公立高等学校
島根県公立高等学校
岡山県公立高等学校
広島県公立高等学校
山口県公立高等学校
香川県公立高等学校
愛媛県公立高等学校
福岡県公立高等学校
佐賀県公立高等学校

長崎県公立高等学校
熊本県公立高等学校
大分県公立高等学校
宮崎県公立高等学校
鹿児島県公立高等学校
沖縄県公立高等学校

公立高 教科別8年分問題集
（2024年〜2017年）

北海道（国・社・数・理・英）
宮城県（国・社・数・理・英）
山形県（国・社・数・理・英）
新潟県（国・社・数・理・英）
富山県（国・社・数・理・英）
長野県（国・社・数・理・英）
岐阜県（国・社・数・理・英）
静岡県（国・社・数・理・英）
愛知県（国・社・数・理・英）
兵庫県（国・社・数・理・英）
岡山県（国・社・数・理・英）
広島県（国・社・数・理・英）
山口県（国・社・数・理・英）
福岡県（国・社・数・理・英）

国立高等専門学校 最新5年分問題集
（2024年〜2020年·全国共通）

対象の高等専門学校

釧路工業・旭川工業・
苫小牧工業・函館工業・
八戸工業・一関工業・仙台・
秋田工業・鶴岡工業・福島工業・
茨城工業・小山工業・群馬工業・
木更津工業・東京工業・
長岡工業・富山・石川工業・
福井工業・長野工業・岐阜工業・
沼津工業・豊田工業・鈴鹿工業・
鳥羽商船・舞鶴工業・
大阪府立大学工業・明石工業・
神戸市立工業・奈良工業・
和歌山工業・米子工業・
松江工業・津山工業・呉工業・
広島商船・徳山工業・宇部工業・
大島商船・阿南工業・香川・
新居浜工業・弓削商船・
高知工業・北九州工業・
久留米工業・有明工業・
佐世保工業・熊本・大分工業・
都城工業・鹿児島工業・
沖縄工業

高専 教科別10年分問題集

もっと過去問シリーズ
教科別
数学・理科・英語
（2019年〜2010年）

㉝光ヶ丘女子高等学校
㉞藤ノ花女子高等学校
㉟栄 徳 高 等 学 校
㊱同 朋 高 等 学 校
㊲星 城 高 等 学 校
㊳安城学園高等学校
㊴愛知産業大学三河高等学校
㊵大 成 高 等 学 校
㊶豊田大谷高等学校
㊷東海学園高等学校
㊸名古屋国際高等学校
㊹啓明学館高等学校
㊺聖 霊 高 等 学 校
㊻誠 信 高 等 学 校
㊼誉 高 等 学 校
㊽杜 若 高 等 学 校
㊾菊 華 高 等 学 校
㊿豊 川 高 等 学 校

三　重　県
①暁 高 等 学 校(3年制)
②暁 高 等 学 校(6年制)
③海 星 高 等 学 校
④四日市メリノール学院高等学校
⑤鈴 鹿 高 等 学 校
⑥高 田 高 等 学 校
⑦三 重 高 等 学 校
⑧皇 學 館 高 等 学 校
⑨伊 勢 学 園 高 等 学 校
⑩津 田 学 園 高 等 学 校

滋　賀　県
①近 江 高 等 学 校

大　阪　府
①上 宮 高 等 学 校
②大 阪 高 等 学 校
③興 國 高 等 学 校
④清 風 高 等 学 校
⑤早 稲 田 大 阪 高 等 学 校
　(早稲田摂陵高等学校)
⑥大 商 学 園 高 等 学 校
⑦浪 速 高 等 学 校
⑧大阪夕陽丘学園高等学校
⑨大阪成蹊女子高等学校
⑩四 天 王 寺 高 等 学 校
⑪梅 花 高 等 学 校
⑫追手門学院高等学校
⑬大阪学院大学高等学校
⑭大 阪 学 芸 高 等 学 校
⑮常 翔 学 園 高 等 学 校
⑯大 阪 桐 蔭 高 等 学 校
⑰関 西 大 倉 高 等 学 校
⑱近畿大学附属高等学校

⑲金 光 大 阪 高 等 学 校
⑳星 翔 高 等 学 校
㉑阪 南 大 学 高 等 学 校
㉒箕面自由学園高等学校
㉓桃 山 学 院 高 等 学 校
㉔関西大学北陽高等学校

兵　庫　県
①雲 雀 丘 学 園 高 等 学 校
②園 田 学 園 高 等 学 校
③関 西 学 院 高 等 部
④灘 高 等 学 校
⑤神 戸 龍 谷 高 等 学 校
⑥神 戸 第 一 高 等 学 校
⑦神 港 学 園 高 等 学 校
⑧神戸学院大学附属高等学校
⑨神戸弘陵学園高等学校
⑩彩 星 工 科 高 等 学 校
⑪神 戸 野 田 高 等 学 校
⑫滝 川 高 等 学 校
⑬須 磨 学 園 高 等 学 校
⑭神 戸 星 城 高 等 学 校
⑮啓 明 学 院 高 等 学 校
⑯神戸国際大学附属高等学校
⑰滝 川 第 二 高 等 学 校
⑱三 田 松 聖 高 等 学 校
⑲姫 路 女 学 院 高 等 学 校
⑳東洋大学附属姫路高等学校
㉑日 ノ 本 学 園 高 等 学 校
㉒市 川 高 等 学 校
㉓近畿大学附属豊岡高等学校
㉔夙 川 高 等 学 校
㉕仁 川 学 院 高 等 学 校
㉖育 英 高 等 学 校

奈　良　県
①西 大 和 学 園 高 等 学 校

岡　山　県
①[県立]岡山朝日高等学校
②清 心 女 子 高 等 学 校
③就 実 高 等 学 校
　(特別進学コース〈ハイグレード・アドバンス〉)
④就 実 高 等 学 校
　(特別進学チャレンジコース・総合進学コース)
⑤岡 山 白 陵 高 等 学 校
⑥山 陽 学 園 高 等 学 校
⑦関 西 高 等 学 校
⑧おかやま山陽高等学校
⑨岡山商科大学附属高等学校
⑩倉 敷 高 等 学 校
⑪岡山学芸館高等学校(1期1日目)
⑫岡山学芸館高等学校(1期2日目)
⑬倉 敷 翠 松 高 等 学 校

⑭岡山理科大学附属高等学校
⑮創 志 学 園 高 等 学 校
⑯明 誠 学 院 高 等 学 校
⑰岡 山 龍 谷 高 等 学 校

広　島　県
①[国立]広島大学附属高等学校
②[国立]広島大学附属福山高等学校
③修 道 高 等 学 校
④崇 徳 高 等 学 校
⑤広島修道大学ひろしま協創高等学校
⑥比 治 山 女 子 高 等 学 校
⑦呉 港 高 等 学 校
⑧清 水 ヶ 丘 高 等 学 校
⑨盈 進 高 等 学 校
⑩尾 道 高 等 学 校
⑪如 水 館 高 等 学 校
⑫広 島 新 庄 高 等 学 校
⑬広島文教大学附属高等学校
⑭銀 河 学 院 高 等 学 校
⑮安 田 女 子 高 等 学 校
⑯山 陽 高 等 学 校
⑰広島工業大学高等学校
⑱広 陵 高 等 学 校
⑲近畿大学附属広島高等学校福山校
⑳武 田 高 等 学 校
㉑広島県瀬戸内高等学校(特別進学)
㉒広島県瀬戸内高等学校(一般)
㉓広島国際学院高等学校
㉔近畿大学附属広島高等学校東広島校
㉕広 島 桜 が 丘 高 等 学 校

山　口　県
①高 水 高 等 学 校
②野 田 学 園 高 等 学 校
③宇部フロンティア大学付属香川高等学校
　(普通科〈特進・進学コース〉)
④宇部フロンティア大学付属香川高等学校
　(生活デザイン・食物調理・保育科)
⑤宇 部 鴻 城 高 等 学 校

徳　島　県
①徳 島 文 理 高 等 学 校

香　川　県
①香 川 誠 陵 高 等 学 校
②大 手 前 高 松 高 等 学 校

愛　媛　県
①愛 光 高 等 学 校
②済 美 高 等 学 校
③Ｆ Ｃ 今 治 高 等 学 校
④新 田 高 等 学 校
⑤聖カタリナ学園高等学校

教英出版

〒422-8054
静岡県静岡市駿河区南安倍3丁目12-28
TEL 054-288-2131
FAX 054-288-2133
詳しくは教英出版で検索

| 教英出版 | 検索 |

URL https://kyoei-syuppan.net/

＊＊＊＊＊＊＊＊＊＊＊＊＊＊＊＊＊＊＊＊＊＊＊＊＊＊＊＊＊＊＊＊＊＊＊＊＊＊＊

日向学院高等学校入学試験問題

＊＊＊＊＊＊＊＊＊＊＊＊＊＊＊＊＊＊＊＊＊＊＊＊＊＊＊＊＊＊＊＊＊＊＊＊＊＊＊

令和6年度

国　語

（50分　100点）

受験上の注意

1. 「始め」の合図があるまで、このページ以外のところを見てはいけません。
2. 問題は 一 ～ 三 まであります。
3. 答えは必ず解答用紙に記入しなさい。解答用紙はこの冊子の間にはさんであります。
4. 「始め」の合図があったら、まず解答用紙に受験番号、氏名を記入しなさい。
5. 問題用紙の不足や、印刷不鮮明の箇所があればだまって手を挙げなさい。
6. 「やめ」の合図があったら、すぐ鉛筆をおき、解答用紙は裏返しにして机の上に置きなさい。

一　次の文章を読んであとの問いに答えなさい。（作問の都合上表記を改めた箇所があります。）

　私たちは、相手の伝えたい意図をそのままに受け取れるということはできない。私たちがまず受け取るのは相手が発した言葉だが、それを自分の①ワクグみで翻訳する。（　ａ　）、相手がその言葉で何を伝えたいのかを推測する必要がある。

　相手には伝えたい思いがあって、それを言葉に込めて発する。それは符号化のプロセスであり、エンコードと言われる。メッセージを送る際には、どんな言い方をしたらこちらの真意を汲み取ってもらえるかに想像力を働かせて、言葉を選び、表現の仕方を工夫する。

　メッセージの受け手は、受け取った言葉から相手の伝えたい思いを推測する。それは解読のプロセスであり、デコードと言われる。メッセージを受け取った際には、相手がどんなつもりで言ったのか、相手の性格やこれまでのやりとりを参考に想像力を働かせる。

　②エンコードとデコードがうまく噛み合ったときに、双方が満足できるような快いコミュニケーションとなる。

　このように、コミュニケーションというのは、ただ自動的に言葉をやりとりしているのではなく、言葉に込められた意図を読み取りあっているのである。

　たとえば、相手が何らかの出来事について語る場合も、どんな出来事があったのかという事実に目を向けるだけでは、相手の真意を受け止めることはできない。相手はその出来事について話そうと思ったのか。相手はその出来事に対してどんな思いがあるのか。その出来事をもち出すことで、こちらに何を伝えたいのか、あるいはこちらに何をわ

1

かってほしいのか。そんなふうに想像力を働かせながら、相手の話を聴くことで、コミュニケーション力は確実に②コウジョウするのだ。

③切れ味鋭い議論ができるというタイプではなく、どちらかといえば控え目で口下手な感じなのに、なぜか交渉上手な人がいるものだ。そのコツはどこにあるのだろうか。

たとえば、社内の事情が変わって、取引先にこれまでより不利な条件を呑んでもらうようにお願いして回らなければならないことがある。これは非常に厳しい交渉になる。向こうとしては、いきなり契約条件を不利な方向に変えてほしいと言われるわけだから、すんなりとは受け入れられず、かなりの③テイコウを示す。

でも、なんとか受け入れてもらわなければならない。（　ｂ　）、こちらの社内事情を説明し、経費が高くなる分、これまで以上にサービスの質を高めていきたいと言って、受け入れてもらえるよう説得に④ハゲむことになる。

多くの場合、営業担当者の説明に納得がいかない取引先から、なんでいきなり条件をつり上げたりするのか、そちらの社内事情が変わったということがなんでならないのか、などとクレームの電話が上司のもとにかかってくる。

それなのに、交渉上手な人が担当している取引先からはそのような電話がほとんどなく、わりとスムーズに条件の切り替えが進む。いったいどこが違うのか。それは、多くの場合、「話の聴き方」にある。

たいていの担当者は、交渉に当たって、こちら側の事情を理解してもらうことに主眼を置き、こちらの言い分を丁寧に説明し、わかってもらおうとする。そこではこちら側の事情をわかりやすく整理

して提示するロジカルな説明力が威力を発揮する。（　c　）、それだけでは足りない。こちら側の事情をわかってほしいという姿勢には、自分のことしか眼中にないといった※「自己チューな匂い」がする。相手方への配慮と「聴く耳」が足りないのだ。

交渉力のある人は、こちら側の言い分にばかり気を取られることなく、相手側の言葉をしっかり受け止め、その背後にある気持ちや要求をつかもうとする。

「御社の立場に立って考えれば、まったくァ言う通りだと思います」

「お急ぎの事情はよく承知しておりますので、このようなお願いをィ言うのはほんとうに　ウ　のですが……」

などと、相手の立場への共感を示すことで、向こうも歩み寄りの姿勢を見せてくれ、率直に思っていることを言ってくれる。それによって、相手が何を重視し、物事にどんな優先順位をつけているかの見当をつけることができる。

こちら側が聴く耳をもって対応するため、向こう側も聴く耳をもってくれる。（　d　）、こちらが向こうの言い分をできるだけ配慮しようとするため、向こうも折り合いをつけやすくなる。

いくらこちらのやむを得ない事情がロジカルにわかりやすく説明されたとしても、自分の言い分ばかり主張する人物に対しては反発心が⑤湧いて当然である。④そこには相手の立場や言い分を尊重しようという姿勢が欠けている。

さらには、交渉上手な人は、聴く耳を活かしてふだんから相手側に貸しをつくっている。自分の事情や思いに関心をもってくれ、じっくり話を聴いてくれる。共感的に聴いてくれる。自分の立場に理解を示してくれる。だからとても話しやすいし、いつも気持ちよく話せる。そんな相手が困っている

ときは、なんとか力になってあげたいと思うものだ。

交渉上手な人は、正論で説得しているのではなく、日頃から相手と気持ちをつないでいるのである。

（榎本　博明『「正論バカ」が職場をダメにする』）

※　自己チュー…自己中心的であるさま。

問1　1〜5のカタカナは漢字に直し、漢字は読みを答えなさい。

問2　（ a ）〜（ d ）に当てはまる言葉を後から選び、それぞれ記号で答えなさい。

ア　それとも　　イ　また　　ウ　そこで

エ　だが　　オ　つまり

問3　〜〜〜〜〜ア・イの「言う」を、それぞれ適切な敬語動詞にして答えなさい。

問4 　ウ　に当てはまる最も適切な言葉を後から選び、記号で答えなさい。

問5 　——①「翻訳する」とありますが、そのために必要なものは何ですか。本文中から三字で抜き出して答えなさい。

ア　心憎い　　イ　心強い　　ウ　心細い　　エ　心苦しい　　オ　心もとない

問6 　——②「エンコードとデコードがうまく噛み合ったとき」とはどういうときですか。本文中の言葉を用いて説明しなさい。ただし、「エンコード」「デコード」という言葉はそのまま用いてはいけません。

問7 　——③「なぜか交渉上手な人がいるものだ。そのコツはどこにあるのだろうか」とありますが、「交渉上手な人」の「コツ」が説明されている一文を本文中から抜き出し、そのはじめと終わりの五字を抜き出して答えなさい。（ただし、句読点も文字数に含みます。）

5

問8 ——④「そこ」が指示する内容を、「〜ような説明の仕方」に続く形で本文中から十五字以内で抜き出して答えなさい。

問9 次は本文を読んだ後の話し合いでの、生徒の発言です。適切でない意見を述べている生徒を選び、記号で答えなさい。

ア 生徒A…やはり自分の意見を相手に受け入れてもらうためには、論理的な説明ができれば十分だよね。わかりやすく伝えないと相手には理解してもらえないしね。

イ 生徒B…そうだね、わかりやすく伝えながらも、受け入れてもらえるように、相手のことも考えながら話すとより効果的だね。

ウ 生徒C…だけど、受け入れてもらうためには日頃から相手と気持ちをつないでおくことも大切だと思うよ。

エ 生徒D…そのためにも相手の話をよく聞く習慣をつけて、こちらの事情や思いに関心を持ってくれる関係性を築いていけるといいよね。

二　次の文章を読んであとの問いに答えなさい。（作問の都合上表記を改めた箇所があります。）

希美が神職を務めている神社には「何かが出る」といううわさが、近所の人たちに広まっていた。そんなある日、職員全員が集められて会議が行われることになった。

「魔物がいない、というのを、断言なさるのはいささか乱暴のように思います」

倉橋の言葉に、波多江は少し首をひねったものの、反論はしなかった。

「少なくとも私は、魔物はある、という立場に立っています。ただし、それが魔物という名前が正しいかどうかは、また違う問題です。人の力ではどうしようもない力、あらがえない力がある、という意味です。人はそれの前で、もっと謙虚にならなければなりません」

「けれどもそんなことを信じていては、大切な日常生活に<u>ししょう</u>をきたすことになりかねないでしょう。現にネルーさんとやらは、<u>境内</u>におかしげなものをまき散らした。あれも魔物がらみの愚行でしょう。現実の猪と、化け物をごっちゃに考えるなんて、わけがわからない」

いらだったように早口になる波多江に、倉橋もわずかに語調を強めた。

「大いなる力は、わけのわからないものなのです。だからこそ、人はそこに意味や物語を見るのではないでしょうか。そうすることで気持ちが落ちつくなら、<u>①そのお手伝いをしたい</u>と私は思います」

「物語ねえ」

言葉が、波多江の鼻の先をかすめてきこえた。

「日常生活は、瑣末な現実のくりかえしなんですよ。そこに、同じ次元で得体のしれない力なんて持

ちこまれても困ります。もっと現実的に考えてもらわないと」

これでは二人の意見は②平行線をたどるばかりだ。

「いえ、だからこそです。日常に忙殺されないためにも、感謝や畏敬の念が必要だと。それを伝えるのが、神職である我々の役割ではないでしょうか」

「倉橋さんねえ。人生で起こるハプニングみたいなことは、善くも悪くもそれまで自分がやってきたことの結果なのですよ。それを大いなる力のせいにするのは。私は無責任だと思いますね。

という言葉をご存じじゃ、ごほん」

波多江は言いかけてせきばらいをした。

　　Ｉ

が仏教用語だということを思い出したのかもしれなかった。

波多江は短く息を吸いこんでから続ける。

「だいたい倉橋さんがお越しになってから、三雲神社の³チツジョが乱れているんです。職務中に弓道の練習に行かれるのも困りますし、用もないのに氏子の婦人部の人たちが、社務所に入ってくるのも

　　Ｉ

と、首をかしげる。いらだちの原因は、少し違うところにもあるようだった。

「とにかく私は、目に見えるものを優先させます。そうしないと、根本がぐらつきますから。いいですか。田畑を荒らしたのは、魔物ではなく、大猪。そして、弓の名手がそれを射た。けれども、とどめが刺せなくて、また出てきた。だからそれを再び射た。ゆえに三雲神社のご神体は、そのときに使われた二本の矢。いずれも、猪の血こんがついています。すでに変色はしていますけどね」

波多江は言い終えたが、倉橋はもう反論する気も失せたのか、声を上げなかった。すると、すっと立

ち上がる気配があった。希美が追った視線の先には、宮司が立っていた。

「よろしいでしょうか」

「あ、はい」

波多江があわてたようにうなずくと、宮司は落ちついた声でこう言った。

「今日は皆さんに、三雲神社のご神体を見ていただこうと思います」

（　中　略　）

希美が目をつぶったまま顔を上げ、深い息を吸い込んだときだった。

「こちらです」

宮司の静かな声がして、波多江もおごそかに言葉をそえた。

「しっかり見て確かめてください。ものは人と違ってうそを言いませんから」

希美は、おそるおそる目を開けた。思わず息を飲みこむ。

黒い塗りの箱に入れられたご神体があった。

古い二本の矢。

二本とも削った竹に、鳥の羽を施した簡素な矢だ。羽部分は黒く、軸の部分は濃い茶色をしている。

黒い羽は毛羽立ち、ところどころすり減ったり抜けたりしていて、どちらかといえばみすぼらしい矢だった。ご神体というには、シンプルすぎる気もする。

それでもやはり、確固たる存在を感じたのは、歴史の重みかもしれないし、人々の思いなのかもし

れない。少なくともこの矢は、この世に千年以上も存在していて、今もなお、人々の心の一部を支えている。

そう思うと、③希美は改めて身のすくむような気持ちになった。

隣で、恵が感にたえないような声を上げた。

「うっわー、パンク」

矢の攻撃性に感じ入ったようだが、波多江ににらみをきかされて、口に手を当てた。

「見事な矢です。5ウルシこそ塗られていないが、大鷹の羽のようですね」

自らも弓を引く倉橋は、引きしまった声で感想を述べた。それぞれの着眼点から、しばらく弓は鑑賞されていたが、また恵が大声を出した。

「あれ？　波多江さん、こっちの先っぽには血がついてないんじゃないですか？　ほら、こっちは黒くなっているけど、こっちは色が変わってない」

恵は指でさし示す。以前、指をさすのは失礼な行為だととがめられたことなど忘れたように、そのまま波多江に意見を求めた。それはさきほど波多江が、

「　　　Ⅱ　　　」

と言ったことに対しての疑問だった。

希美は恵の指先に注目した。二本の矢の先端部分を見比べてみる。

「本当」

違いはすぐにわかった。二本の矢は同じ素材でできているものの、矢尻の色が明らかに違っていた。

一本は、赤黒く、一本は、薄い茶色。赤黒い方は、矢尻から五センチくらいだけ色が変わっていて、

あとから何かが染みついたように見えた。血液だとわかればすんなりうなずける。④波多江は目を見開いていた。意外なものを見たような顔だ。

「これは……」

つぶやくように言うと、おずおずと確認した。

「これは、本当にご神体でしょうか。私がこの神社にご縁をいただいた際に拝見したものと同じですか？」

自分でも信じられないというような言い方だったが、

「そうです。これが三雲神社のご神体です」

宮司はきっぱりと答えた。

「うーむ」

波多江は太い両腕を組んで、首をひねる。まったく合点がいかない様子だ。

「……、確か両方の矢尻が変色していたと思ったんだが」

波多江は、記憶をたどるように黙ったあと、苦しそうに言ったが、納得できないのは、もっともなことだった。二本の矢ともに血こんが残っていれば、自分が言ったように、一度の矢では絶命しなかった猪が、再び山から下りてきたところを射てとどめを刺したという証明になるが、これではそうはならない。むしろ、⑤倉橋の説を裏づけすることになってしまう。

「どこかで入れかわったわけでは」

うめくような声をもらしたが、宮司は首をふった。

「入れかわってなどおりません。⑥それがかえって酷に響いた。この二本の矢が、正真正銘のご神体です」

その声はあくまでも静かで、⑥それがかえって酷に響いた。

11

問1　1〜5のカタカナは漢字に直し、漢字は読みを答えなさい。

（まはら　三桃『ひかり生まれるところ』）

問2　①「そのお手伝いをしたい」とありますが、それはどのような意味ですか。次のように言い換えた場合に、（　　　）に当てはまる言葉を本文中より十字で抜き出しなさい。

（　　　　　　　　　　　）を果たしたい。

問3　②「平行線をたどる」という言葉の意味を簡潔に答えなさい。

問4　| I | に当てはまる四字熟語を「因□□□」という形で答えなさい。

問5　③「希美は改めて身のすくむような気持ちになった」とありますが、その理由として最も適切なものを後から選び、記号で答えなさい。

ア　初めて目にするご神体の確かな存在感に、気圧（けお）される思いがしたから。

イ　ご神体は恐ろしいものだと聞かされていたので、見たくはなかったから。

ウ　特別な日にしか見られないご神体なので、罰（ばち）が当たると感じたから。

エ　攻撃性を感じるご神体に、触れてはならない危うさを感じ取ったから。

問6 　Ⅱ　　に入ると思われる言葉を二十字以内で答えなさい。

問7 　──④「波多江は目を見開いていた」とありますが、この時の波多江の気持ちを簡潔に答えなさい。

問8 　──⑤「倉橋の説」とありますが、それはどのような説ですか。十字以内で答えなさい。

問9 　──⑥「それがかえって酷に響いた」とありますが、これは誰のどのような気持ちに対して「酷に響いた」のかを簡潔に答えなさい。

13

三 次の古文を読んであとの問いに答えなさい。（作間の都合上表記を改めた箇所があります。）

①師走の十余日のほどに、雪いみじう降りたるを、女官どもなどして、縁にいとおほく置くを、同じことなら、庭に作らせましょう。

「同じくは、庭に②まことの山を作らせはべらむ」とて、※侍<ruby>さ<rt>さ</rt></ruby>召して仰せ言にて言へば、あつまりて同じことなら、庭に作らせましょう。女官たちなどで、縁側にとてもたくさん

（中宮様からの）ご命令ということで

作る。※主殿寮の官人で、ご清掃に参上している者なども、みな寄りて、いと高う作りなす。宮司などもまゐりあつまりて、言加へ興ず。三、四人まゐりつる主殿寮の者ども、二十人ばかりになりにけり。高位の役人なども

助言をしておもしろがる。

里なる侍召しにBつかはしなどす。「今日この山作る人には日三日給ぶべし。またまゐらざらむ者は、おやすみで自宅にいる侍なども呼び寄せる。

また同じ数とどめむ」など言へば、聞きつけたるは、まどひまゐるもあり。里遠きは、え告げやらず。作り果てつれば、宮司召して、絹二ゆひ取らせて、縁に投げ出だしたるを、一つ取りに取りて、宮仕えした日を三日くださるだろう。

うろたえて参上する者もいる。自宅が遠い者などには告げせしらせきれない。

絹二くくりを取り出させてほうびとして縁側に投げだしたのを　一人一つ取っては

拝みつつ腰にさしてみな退出した。身をかがめて礼をしては腰にさしてみな退出した。

袍など着たるは、さて狩衣にてぞある。※袍などを着ている人はそういうわけで狩衣姿になっている。「これいつまであり

なむ」と、人々にのたまはするに、「十日はありなむ」「十余日はありなむ」など、ただこのごろ

（中宮様が）人々におっしゃるには、　　　　　　　　　　　　　　　　　　　　　　これぐらいの期間

のほどをある限り申すに、「③いかに」と問はせたまへば、「④正月の十余日までは侍りなむ」と申す

であると

を、御前（おんまへ）にも、「えさはあらじ」とおぼしめしたり。女房は、すべて、「年のうち、つごもりまでも

　　　　　　　　　　　　　「それほどはもつまい」　　　　　　　　　　　　　　　　　　　月末まで

えあらじ」とのみ申すに、あまり遠くも申しつるかな。げにえしもやあらざらむ。ついたちなどぞい

　　　　　　　　　　　　　　　　　　　　　　　　　　　　なるほど皆の言う通りそれほどもつまい

ふべかりけると、⑤下には思へど、「さはれ。さまでなくとも、言ひそめてむ事は」とて、かたうあら

　　　　　　　　　　　　　　　　「ええい。それほどまではなくとも、言い出してしまった事は」

がひつ。

　　　　　　　　　　　　　　　　　　　　　　　　　　　　　　　　　（『枕草子』）

※　十余日…十日過ぎ。

　侍…貴人に仕えて雑用をする人。

　中宮…天皇の后（後の「御前」も同じ）。

　主殿…主殿寮の者…宮内省に属し、清掃などをつかさどる人。

　袍…貴族が着る正式の衣装。

　狩衣…貴族が着る略式の衣装。

　女房…天皇や后に仕える女官。

15

問1 ══A・Bの読みを現代仮名遣いに直し、すべてひらがなで答えなさい。

問2 ──①「師走」の読みとして適切なものを後から選び記号で答え、また何月かを漢数字で答えなさい。

ア　しわす　　イ　やよい　　ウ　みなづき　　エ　ながつき

問3 ──②「まことの山」とありますが、どのような山のことですか。一語で答えなさい。

問4 ──③「いかに」・④「正月の十余日までは侍りなむ」の発話者の組み合わせとして最も適切なものを後から選び、記号で答えなさい。

ア　③　主殿寮の者　　④　中宮
イ　③　主殿寮の者　　④　女房
ウ　③　中宮　　　　　④　作者
エ　③　作者　　　　　④　中宮
オ　③　女房　　　　　④　中宮

問5 ──⑤「下には思へど」は「内心では思うけれど」という意味ですが、思った内容を本文中から抜き出し、そのはじめと終わりの三字を抜き出して答えなさい。

問6 本文の内容に合うものとして最も適切なものを選び、記号で答えなさい。

ア 中宮は例年になくたいそう降り積もった雪を見て、嬉しくなって庭で雪遊びをしてだれよりも楽しんでいた。

イ 作者はたくさんの役人たちを宮中に呼び出して、積もった雪で転んで怪我をすると危ないため片付けを急がせた。

ウ 中宮や作者は雪が早くとけてなくなってしまうだろうと話していたが、積もった雪は年が明けるまで残った。

エ 作者は雪がいつまで残っているだろうかと問われて、積もった雪は年が明けるまで残っているでしょうと答えた。

問7 「枕草子」の作者名を後から選び、記号で答えなさい。

ア 紫式部　　イ 清少納言　　ウ 和泉式部　　エ 小野小町

17

令和6年度

数　学

（50分　100点）

1　次の□に最も適する数，数式を答えなさい。

(1)　$2 \times (-3)^2 - (-2^3)$ を計算すると□である。

(2)　$\dfrac{3x-2}{4} - \dfrac{2x-1}{3}$ を計算し，簡単にすると□である。

(3)　$\sqrt{45} + \dfrac{20}{\sqrt{5}}$ を計算し，簡単にすると□である。

(4)　$\dfrac{3}{7}x^2y \div \left(-\dfrac{9}{14}xy^2\right)$ を計算し，簡単にすると□である。

(5)　2次方程式 $2(x+3)^2 - 8 = 0$ の解は，$x =$□である。

2　次の各問いに答えなさい。

(1)　$a = \sqrt{5} + \sqrt{3}$，$b = \sqrt{5} - \sqrt{3}$ のとき，$\dfrac{a^2 - b^2}{2ab}$ の値を求めなさい。

(2)　1次関数 $y = -3x + a$ について，x の変域が $-2 \leqq x \leqq 3$ のとき，y の変域は $b \leqq y \leqq 1$ になった。このとき，a，b の値を求めなさい。

(3)　大小2つのさいころを同時に投げる。大きいさいころの出た目の数を a，小さいさいころの出た目の数を b とするとき，$\sqrt{2ab}$ が整数になる確率を求めなさい。

(4)　あるクラスの男子20人と女子15人について，10点満点の数学の小テストを行った。図1は男子について，図2は女子について，その結果をそれぞれヒストグラムに表したものである。また，男子の平均値は7点，女子の平均値は6点であった。このとき，次のア〜オの中から正しいものを2つ選び，記号で答えなさい。

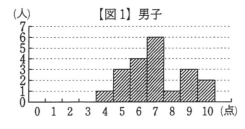
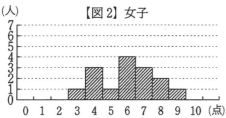

ア．男子と女子の得点の最頻値は等しい。
イ．男子と女子の得点の範囲は等しい。
ウ．男子と女子の得点の中央値は等しい。
エ．8点以上の生徒の割合は，男子の方が女子よりも大きい。
オ．クラス全員における得点の平均値は6.5点である。

(5)　右の図で，△ABC は正三角形であり，$\ell /\!/ m$ とする。このとき，$\angle x$ の大きさを求めなさい。

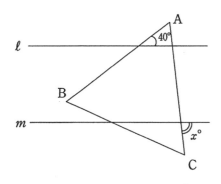

(6)　右の図で，BC，DE，FG は平行である
　　とき，x の値を求めなさい。

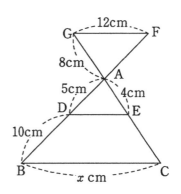

(7)　次の図で，∠x の大きさを求めなさい。ただし，O は円の中心とする。

①

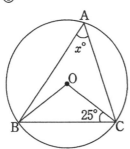

②

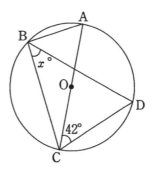

3 右の図のように，放物線 $y = ax^2 \cdots$ ① と，2つの直線 $y = 18 \cdots$ ②，$y = 2 \cdots$ ③ がある。①と②の交点をA，Bとし，①と③の交点をC，Dとする。また，点Aの x 座標は負，点Cの x 座標は -2 である。

このとき，次の各問いに答えなさい。

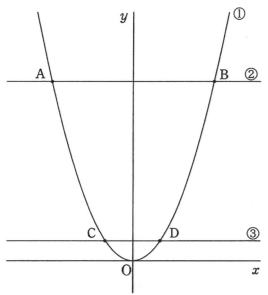

(1) a の値を求めなさい。

(2) 点Bの x 座標を求めなさい。

(3) 2点B，Dを通る直線の方程式を求めなさい。

(4) 点Aを通り，台形ACDBの面積を2等分する直線と，直線BDとの交点の座標を求めなさい。

4 太郎さんは自転車でA図書館を10時に出発し，途中のB駅から歩いてC公園へ向かった。また，花子さんは自転車でC公園を10時に出発し，途中のB駅から歩いてA図書館へ向かった。太郎さんと花子さんは，10時25分に出会って会話をした。そのときの会話が次のようであった。

> 太郎さん：花子さん，今からどこ行くの？
> 花子さん：私はこれからこの自転車をB駅に置いて，歩いてA図書館へ向かうの。
> 太郎さん：そうなんだ。僕は今，B駅に自転車を置いてきたんだ。ちょっと運動しようと思って，駅から歩いてC公園へ向かうところ。
> 花子さん：B駅からC公園までけっこう距離があるけど，太郎さんはがんばるね。あっ，もう10時30分だ。約束の時間に遅れると困るからもう行くね。
> 太郎さん：うん，またね。

　花子さんがA図書館に到着した40分後に，太郎さんはC公園に到着した。
　このとき，次の各問いに答えなさい。ただし，2人の自転車の速さは時速12km，歩く速さは時速4kmとする。

(1)　C公園から2人が出会ったところまでの距離は何kmか求めなさい。

(2)　太郎さんが，C公園に到着したのは何時何分か求めなさい。

(3)　A図書館からB駅までの距離を$x$km，B駅から2人が出会ったところまでの距離を$y$kmとして，xとyについての連立方程式を作りなさい。

(4)　(3)の連立方程式を解き，A図書館からC公園までの距離は何kmか求めなさい。

5 　図1～図3において，立体 ABCD－EFGH は四角柱である。四角形 ABCD と
四角形 EFGH は合同な台形であり，以下の条件を満たすものとする。
　　AB∥DC，∠ABC＝∠BCD＝90°，AB＝5 cm，BC＝4 cm，CD＝3 cm，AE＝2 cm，
四角形 ADHE，DCGH，ABFE，BCGF は長方形である。
　　このとき，次の各問いに答えなさい。

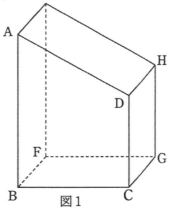

図1

(1) 　図1において，次の①～④の中で辺 HG と平行な
　　辺，辺 HG とねじれの位置にある辺は，それぞれどれ
　　か。1つずつ選び，番号で答えなさい。
　　① 辺AB　　② 辺EH　　③ 辺BF　　④ 辺CG

(2) 　立体 ABCD－EFGH の体積を求めなさい。

(3) 　図2において，点 I は，点 E を通り辺 FG に平行な
　　直線と直線 HG との交点である。また点 J は，辺 IC と
　　辺 DH との交点である。
　　　このとき，△ IJH の面積を求めなさい。

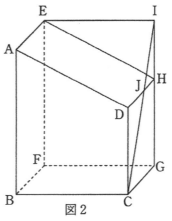

図2

(4) 　図3において，四角柱 ABCD－EFGH は
　　平面 EFCD によって2つの立体に分けられ
　　ている。その2つの立体のうち，点Aを含む
　　方の立体の体積を求めなさい。

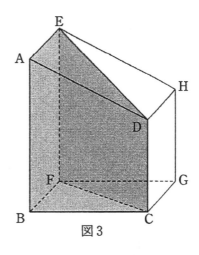

図3

- 6 -

2024(R6) 日向学院高

K 教英出版

日向学院高等学校入学試験問題

令和6年度

英　語

（50分　100点）

受験上の注意

1. 「始め」の合図があるまで、このページ以外のところを見ては
   いけません。
2. 問題は 1 〜 8 まであります。
3. 答えは必ず解答用紙に記入しなさい。解答用紙はこの冊子の
   間にはさんであります。
4. 「始め」の合図があったら、まず解答用紙に受験番号、氏名を
   記入しなさい。
5. 問題用紙の不足や、印刷不鮮明の箇所があればだまって手を
   挙げなさい。
6. 「やめ」の合図があったら、すぐ鉛筆をおき、解答用紙は裏返
   しにして机の上に置きなさい。

1 放送を聞いて、次のリスニング問題 A～C の各問いに答えなさい。
（試験開始１５分後に放送を始めます。）　　　　　　　※音声と放送原稿非公表

A　これから読まれる英文（１）、（２）を聞いて、それぞれの空所で読まれている
　　単語を１語ずつ書きなさい。英文はそれぞれ２回ずつ読まれます。

(1)　Jane is coming to Miyazaki next Sunday, so we are going to the airport

　　to（　ア　）（　イ　）（　ウ　）.

(2)　The concert will start in（　ア　）（　イ　）.　Let's take this bus to the concert

　　hall.

1

B　これから読まれる３つの会話を聞いて、それぞれの会話の後に続く文として最も適当なものを１つずつ選び、記号で答えなさい。会話はそれぞれ２回ずつ読まれます。

(1)

　　ア　On December 20th.
　　イ　Last winter.
　　ウ　For two weeks.
　　エ　Two weeks ago.

(2)

　　ア　No, I don't.
　　イ　What about you?
　　ウ　I was busy last Saturday.
　　エ　That'll be nice.

(3)

　　ア　Then let me speak to him.
　　イ　I'm speaking to him now.
　　ウ　Then may I leave a message for him?
　　エ　Then may I have his name, please?

C これから読まれる英文と、その内容に関する（1）〜（3）の質問を聞いて、答えとして最も適当なものを1つずつ選び、記号で答えなさい。英文と質問はそれぞれ2回ずつ読まれます。

(1)

    ア He is interested in checking news about *space on TV.

    イ He is interested in space travel.

    ウ He is interested in studying science.

    エ He is interested in reading books on space.

                  （注）*space　宇宙

(2)

    ア He decided to read some science books and magazines.

    イ He decided to study science much harder.

    ウ He decided to study English very hard.

    エ He decided to do some *exercises.

                  （注）*exercise　運動

(3)

    ア He wants to work for the Japanese government.

    イ He wants to be a worker at the space center.

    ウ He wants to work for the TV station.

    エ He wants to go to the moon as a space scientist.

3

2 次の（1）〜（3）の各組の英文の空所に、共通して入る語を書きなさい。

(1) ⎰ You have the (   ) number.
   ⎱ What's (   ) with you?

(2) ⎰ Yesterday I *was caught in a shower. I may have a (   ).
   ⎱ I want to drink something (   ).

　　　　　　　　　　　　　　（注）*be caught in a shower　にわか雨にあう

(3) ⎰ He spoke too (   ) for us to understand what he said.
   ⎱ I went on a (   ) for three days and I didn't eat any food at all.

3 次の文の意味がとおるように、空所に適切な語を書きなさい。ただし、空所内に書かれたアルファベットで始めること。

(1) New Year's Day is a national (h   ) in Japan.

(2) When we have a toothache, we will go to the (d   ).

(3) A room that is used for cooking is called a (k   ).

4

4 次の（1）〜（3）の会話が成り立つように、（　　　）内の語（句）を並べかえてそれぞれ英文を完成させなさい。ただし、文頭にくる語も小文字で書かれています。

(1) A: How was the camp last weekend?　Did you sleep in a tent?
　　B: Yes.　(hot / it / sleep / so / I / was / that / couldn't) at all.

(2) A: We should take better care of the water.
　　B: That's right.　No (on / water / can / without / one / live) earth.

(3) A: Look at that bird in the tree!
　　B: Wow!　I (never / a / bird / seen / such / have / beautiful).

5

5 次の会話の空所に、適当な１文を１０語前後で書きなさい。

A: Do you know a good hotel near here?

B: Yes!　The Phoenix is a good hotel.　I think it's one of the best hotels in town.

A: (　　　　　　　　　　　　　　　)

B: Sure.　Take the bus and get off at Tachibana Street.　You'll see the Phoenix
　hotel at the corner of Tachibana Street and Takachiho Street.

A: Thank you very much.

B: You're welcome.

6　次の英文を読んで、あとの問いに答えなさい。

アヤコが去年ホームステイしたアメリカの外国人家族が宮崎にやってくる予定です。

Ayako: Maria and David are coming to Miyazaki next week for the first time.
　　　　I want them to enjoy staying here.　Where can I take them?

Shota: Let me see.　Let's check on the Internet.

Toinomisaki Bus Tour　(5 hours)

You can see the wonderful ocean from the *cape and take pictures of wild horses. We will visit a restaurant.　You can eat delicious seafood there.
Price: 4,000 yen for adults / 2,500 yen for children aged 3-12

Aoshima Walking Tour　(3 hours)

We will visit Aoshima Shrine and you can walk around the area. We will visit some *souvenir shops and a coffee shop near the shrine.
Price: 2,000 yen for adults / 1,000 yen for children aged 3-12

Takachiho Tour　(6 hours)

You will visit Takachiho Shrine and the *historic places which are famous for their *myths.　There is a beautiful view in the mountains.
Also you can eat traditional *soba* noodles.
Price: 5,000 yen for adults / 3,000 yen for children aged 3-12
*Optional Tour: Takachiho *Gorge Boat Rides(＋1,500 yen for adults / 500 yen
　　　　　　　for children)

Ayako: Both of them love nature.

Shota: Then the Toinomisaki Bus Tour is good for them.

Ayako: Yes. But Maria says she wants a Japanese *charm and they'd like to try Japanese food.

Shota: Well, then how about this?　I think this tour is the perfect tour.

Ayako: Right.　I'm sure they'll enjoy it.　Thank you for your advice.

7

（注）*cape 岬　*souvenir お土産　* historic 歴史的な　*myth 神話
*optional 自分で選べる　*gorge 渓谷　*charm お守り

問1　最終的に、アヤコとショータが決めたツアーは次の3つのうちのどれか。記
号で答えなさい。

ア　Toinomisaki Bus Tour
イ　Aoshima Walking Tour
ウ　Takachiho Tour

問2　次の英文を読んで、最後の質問に答えなさい。

Your uncle, aunt and their 10-year-old daughter are coming to Miyazaki
next month.　They are planning to go on the Aoshima Walking Tour.
They also want to go on the Takachiho Gorge Boat Rides.　What is the
final price of the two tours for your uncle's family?

問3　本文の内容に合っているものを2つ選び、記号で答えなさい。

ア　Maria and David have never been to Miyazaki before.
イ　On the Toinomisaki Bus Tour, you can give food to wild horses.
ウ　The Aoshima Walking Tour is half the price of the Toinomisaki Bus
Tour for both adults and children.
エ　The Takachiho Tour is twice as long as the Aoshima Walking Tour.
オ　You can buy traditional souvenirs on the Takachiho Tour.

7 次の英文は、自分が通う中学校が行っている"power naps"についてタケシが書いたものである。英文を読んで、あとの問いに答えなさい。

How many hours do you usually sleep? Some people say we teenagers need to sleep for 8 to 10 hours. If we eat well and exercise *regularly, but don't get *at least 7 hours of sleep every night, we can't be in good health and do daily activities.

When we don't get enough sleep, what happens? Lack of sleep can have a bad *impact on our feelings. Sometimes we can become easily angry with others. It can make us very *sleepy and tired during the day. It can affect our ability to think and remember information. Also, we may not join the normal daily activities or exercises. If we continue living without enough sleep, we will get more serious health problems. Even if we know those things, it is hard for us to get enough sleep because we are very busy.

Have you heard of the *term "power nap"? It means a short sleep during the day. Usually, it is a 10 to 30 minutes' sleep. In our school, we started to take "power naps." After we finish having lunch, we turn off the light in each classroom. Then, all of the students and teachers sleep exactly 10 minutes at each desk. Music is played during that time. After taking naps, we clean our classroom and prepare for the classes in the afternoon.

Thanks to this, we can see some changes. First of all, we can join the first class in the afternoon without *sleepiness. *Compared with before our school year started, the number of sleepy students has decreased. Second, we can join club activities more positively after school. We can perform better than before. Third, we can *concentrate on studying at home. Even if we feel tired, we can do our homework. Finally, most of us have come to sleep much better than before.

Of course, we have to try hard, turn off smart phones, tablets and so on. But taking "power naps" after lunch time at school is very helpful for our healthy life. We will keep this good *custom and enjoy our school life.

9

（注） *regularly 普段から   *at least 少なくとも   *impact 影響
*sleepy 眠い   *term 言葉   *sleepiness 眠気
*compared with ～と比べて   *concentrate 集中する   *custom 習慣

問1　タケシは、この本文の内容を４つのボードにまとめてプレゼンテーションを
する予定である。本文中の単語と数字を使って（　ア　）～（　ク　）を補い、
ボードを完成させなさい。

①
> **Sleep Hours**
> ・We need to sleep at least（　ア　）hours a day.
> ・If we have a good sleep, we can get good（　イ　）and activities.

②
> **Lack of Sleep**
> ・We don't feel well and get（　ウ　）easily.
> ・We can't think and remember things because of sleepiness.
> ・We are busy, but if we don't get enough sleep, we may have
> 　serious health（　エ　）.

③
> **A Power Nap**
> ・It is a（　オ　）sleep during the day.
> ・After lunch we all sleep for（　カ　）minutes with music.

④
> **Some Changes**
> ・We are not（　キ　）during the first class after lunch.
> ・We can be positive for club activities.
> ・After finishing our（　ク　）, we can sleep better at night.

問2　この本文を読んで、"power nap"をとることに対するあなたの意見を英語で
書きなさい。まず、賛成か反対か解答欄の a.か b.を○印で囲み、その理由
を１５語前後で述べなさい。

10

8 ゲームプロデューサーである宮本茂に関する次の英文を読んで、あとの問いに
答えなさい。

Most Japanese people know that Japanese games are now very popular all over the world. There are many game companies in Japan. Nintendo is one of the most famous game companies. It has released many video games, and their characters are also famous. In 2023, 37 years after Super Mario was born, many people enjoyed watching a new movie.

Shigeru Miyamoto was born in Sonobe, a small town in Japan, in 1952. As a young child, he was full of imagination. He loved *doodling, reading and telling stories. He loved drawing manga and creating cartoon books. He also went *exploring, biking, walking, climbing trees and fishing in a river near his house.

One day, while he was out exploring, he found the entrance to a *cave. He returned the next day with a light. Shigeru explored this dark cave for many days. One of the things he liked most was the *fear and excitement waiting for him when he went through *tunnels. Shigeru never forgot his childhood adventures.

Shigeru went to college for five years and studied *industrial design there. He painted, drew, and built things in his classes. In his free time, he enjoyed ①(play) early video games. In 1975, Shigeru graduated and he needed a job. He first thought he would like to become a manga artist. But then he changed his mind and decided he wanted to make toys.

Through his father, Shigeru was able to get a job interview with Hiroshi Yamauchi, the president of Nintendo. At that time, Hiroshi was more interested in *hiring engineers, not artists. But he liked Shigeru and asked him to return with *samples of his work.

When Shigeru returned with the artwork he did in college, Hiroshi liked it. He thought that Shigeru had a *childlike way of looking at the world and Nintendo needed ②this. Hiroshi hired him to be the first artist on Nintendo's staff.

③Shigeru decided to develop a new game. He didn't like the Ping-Pong

11

and shooting games that were popular at that time. He wanted to design something very different – a game with characters and a *storyline.

His idea *was based on the characters in the popular U.S. cartoon, "Popeye." But Nintendo couldn't *make a deal to use them. So, Shigeru created new characters that could jump. "Popeye" became "Jumpman." "Olive" became "Lady", and "Bluto" became an *ape ④(name) "Donkey Kong." Donkey Kong *kidnapped Lady from Jumpman and brought her to a *construction site. The goal of the game was for Jumpman to save Lady. Game players *took on the role of Jumpman.

Donkey Kong was different from other computer games. It told a story, and it was the first true *platform game. In a platform game, characters run, jump, or walk over *obstacles to reach new levels. Shigeru gave Jumpman a red hat and a big *mustache. This made Jumpman easy to see on a small screen. Before the game was finished, Minoru Arakawa, the president of Nintendo's US company, changed Jumpman's name to Mario. Why? Minoru needed an American name for the character and used the name of the *landlord of Nintendo's Seattle-area *warehouse, Mario Segale.

Donkey Kong was released in 1981. It was very successful in Japan and also in the U.S. Hiroshi finally had a game that was popular all over the world. Mario became the star of *Donkey Kong* and many more Nintendo games. Today he is known around the world and has become the company's mascot. Shigeru is known as the father of video games and the greatest video game designer in the world.

（注) *doodling 落書き *exploring 探検 *cave 洞窟 *fear 恐怖
*tunnel トンネル *industrial 工業の *hire 雇う *sample 見本
*childlike 子どものような *storyline 話の筋 *be based on 〜に基づく
*make a deal 取引をする *ape 類人猿 *kidnap 誘拐する
*construction site 工事現場 *take on the role 役を担当する
*platform game はしごや段をキャラクターが移動していくゲーム
*obstacle 障害物 *mustache 口ひげ *landlord 地主 *warehouse 倉庫

問1　①と④の（　　　　）内の語をそれぞれ適切な形になおして書きなさい。

問2　下線部②の this が指す内容を日本語で書きなさい。

問3　下線部③に「茂は新しいゲームを開発することを決めた。」とあるが、どのようなゲームを作ろうとしたのか。日本語で答えなさい。

問4　次の質問に英語で答えなさい。

What made Jumpman easy to see on a small screen?

問5　次の英文を、本文の内容に合うように起こった順に並べかえるとき、（　　　）に適切な記号を書きなさい。ただし、1番目と5番目の（　　　）には、あらかじめ答えが書かれています。

ア　Shigeru became the first staff member to work as an artist.
イ　Minoru Arakawa named Jumpman Mario after Mario Segale.
ウ　Shigeru studied industrial design when he was a college student.
エ　Shigeru created the new game, *Donkey Kong*.
オ　Mario has become famous and Shigeru is known as the father of video games all over the world.
カ　Shigeru was excited to explore the cave with tunnels.
キ　Shigeru was born in a small town in Japan in 1952.
ク　Shigeru got a job interview because of his father.

13

K 教英出版

****

日向学院高等学校入学試験問題

****

令和6年度

理　科

(50分　100点)

1 次のⅠ，Ⅱに答えなさい。

Ⅰ　次の（1）～（6）の問いに答えなさい。

（1）　物質や化学反応について書かれた次の文章①～⑥が正しければ〇，誤っていれば×と答えなさい。

①　すべての金属が電気と熱を伝えることができる。

②　電気分解装置で水を電気分解したのちに，陰極に発生した気体に火を近づけると音を立てて気体が燃えた。

③　2種類以上の物質が結びついてできる化合物は，もとの物質の性質をもったままで新たな性質をもつ。

④　マグネシウムと酸素が結びついて酸化マグネシウムができるとき，もとの物質の質量の比は常に一定になる。

⑤　黒色の酸化銅の粉末を黒鉛（炭素）の粉末と混ぜて加熱すると，一酸化炭素を発生させながら銅の単体に変化する。

⑥　使い捨て携帯用カイロは，鉄の酸化が発熱反応であることを利用している。

（2）　炭酸水素ナトリウムを加熱したときに起こる分解を化学反応式で示しなさい。

-1-

（3） 次の①～⑥の物質が単体か化合物か混合物かをそれぞれ分類しなさい。解答欄には単体であればS，化合物であればC，混合物であればMと答えなさい。

① 酸素　　　② 空気　　　③ 塩酸
④ 石油　　　⑤ 水銀　　　⑥ 塩化ナトリウム

（4） 化学反応式での係数の比は，生じる気体の体積の比と等しくなることがわかっています。水を電気分解したときに水素が30mL生じたとすると，酸素は何mL生じると考えられますか。

（5） 硫酸が電離するようすを化学反応式で示しなさい。

（6） 硫酸水溶液と水酸化バリウム水溶液を混ぜたときにおこる中和反応の化学反応式を示しなさい。

Ⅱ　次の（1）〜（5）の問いに答えなさい。

（1）　右図の**ア〜ウ**のうち，マグマのねばりけが強い溶岩が
流れ出てできたと考えられる火山の形はどれですか。
記号で答えなさい。ただし，それぞれの大きさの比率
は同じではありません。

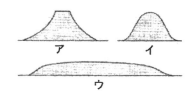

（2）　地層が堆積した地質年代を知る手掛かりになる化石を何といいますか。また，その化石
となった生物の生息の特徴として正しい説明になるようにそれぞれの選択肢から選び，
記号で答えなさい。

　　　　この生物は，①【**ア**：長い　**イ**：短い】期間に栄え，②【**ア**：広い　**イ**：狭い】
範囲に生息しているものが適している。

（3）　右の天気図で，Aの地点の気圧は何 hPa と
考えらますか。

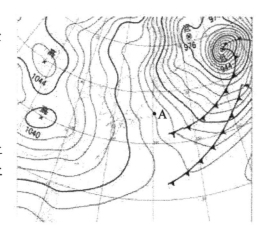

（4）　右の天気図のような気圧配置がみられた
のはいつだと考えられますか。次の**ア〜エ**
から1つ選び，記号で答えなさい。

　　　ア　4月1日　　　**イ**　7月1日
　　　ウ　10月1日　　**エ**　1月1日

2024(R6) 日向学院高
Ｋ教英出版

（5） 25℃の空気 1m³ に 9.4g の水蒸気が含まれています。この気温での飽和水蒸気量が 23.1g/m³ のとき，この空気の湿度は何%ですか。小数第2位を四捨五入して小数第1位まで答えなさい。

2 次のⅠ，Ⅱに答えなさい。

Ⅰ 9月のある日曜日，大和さんはお昼に焼きそばを食べました。その焼きそばがおいしかったので，おいしさの秘訣をお母さんに聞いてみました。すると「菜種油を使っているからかもしれないね。」と教えてもらいました。

　そこで菜種油について調べてみると，アブラナからとることができるとわかり，アブラナの種を買ってきて育ててみることにしました。また，その時の記録をつけました。

【観察の記録】
＜栽培の手順＞
① 鉢植えに土を入れ，中心に指でくぼみをつくって種をまいた。
　薄く土をかけ，日陰で土が乾かないように水を与えた。
② 4日後に ᵢ発芽したので，日当たりのよい場所に移して適度に水を与えた。
③ 70cm ほどの背丈になり，それからは大きくならなくなった。
　この時期，アブラムシや ᵢᵢアオムシなどが寄生していないか気をつけて観察を続けた。
④ 3月になると，ᵢᵢᵢ花がたくさん咲いた。
⑤ 5月を過ぎ，花が散った後の根本がふくらんで茶色になったところで根本のふくらみを収穫した。
⑥ ふくらみの中からたくさんの種をとることができた。

③ で観察されたアブラナの葉

④ で観察されたアブラナの花

<油のとり方>

① 収穫した種をフライパンで煎った。

② 少し水を加え，すり鉢で砕いた。

③ ラップをして電子レンジで1分間加熱した。

④ 種を布に包んでから工具を使って押しつぶし，油を搾りだした。

　大和さんは，集めることができた油を料理に使ってもらおうと思っていましたが，お父さんが空き瓶をつかった ⅳ ※ランプを作ってくれたので，できあがった油を使って火を灯しました。

※　ランプ：油を燃料にして，一定時間連続して光を生成するために使用される物品

（1）　下線部 i について，アブラナの発芽のようすとして正しいものはどれですか。次の図の**ア，イ**のどちらかを選び，記号で答えなさい。

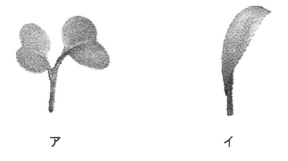

ア　　　　　　　　　　　　　　イ

（2）　（1）のような発芽をする植物を何といいますか。

（3）　（1）のような発芽をする植物の❶ 根にみられる特徴，❷ 茎の断面にみられる特徴を
　　　それぞれ簡単に説明しなさい。

（4）　下線部ⅱについて，一般的にアオムシが成長するとどの動物になりますか。次の**ア～オ**から1つ選び，記号で答えなさい。

　　　ア　ヒメアサギマダラ　　　**イ**　マイマイガ　　　　**ウ**　フクラスズメ
　　　エ　ヒョウモンチョウ　　　**オ**　モンシロチョウ

（5）　下線部ⅲについて，アブラナのように1枚ずつの花が互いに離れているものを何といいますか。

（6）　下線部ⅲについて，右図は，アブラナのめしべの断面図です。これについて，次の問いに答えなさい。

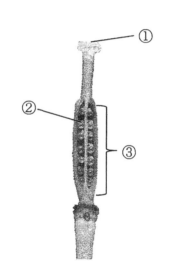

　　　❶　右図の①～③の名称をそれぞれ答えなさい。なお，②は③の内部にみられる球状のつくり，③は②を包んでいるつくりを示しています。

　　　❷　右図では6本のおしべを取り除いていますが，アブラナは本来，1つの花の中にめしべとおしべがあります。
このような花を何といいますか。

　　　❸　右図の③は受粉後には何というつくりになっていきますか。

（7）　下線部ⅳについて，このランプに火を灯したあとに生じる物質として考えられるものはどれですか。次の**ア～オ**から<u>全て選び</u>，記号で答えなさい。

　　　ア　酸素　　　**イ**　二酸化炭素　　　**ウ**　窒素　　　**エ**　水　　　**オ**　水素

- 7 -

Ⅱ　アブラナの油で火を灯すことができた大和さんは，ほかの植物からも油を搾ってランプで火を灯すことができないかと思い，身近な食材の成分を調べてグラフを作りました。

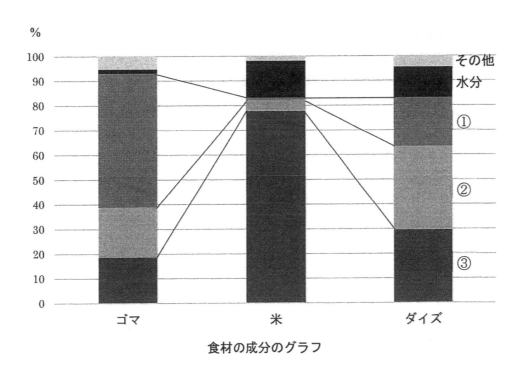

食材の成分のグラフ

（8）　上のグラフ中の①～③の成分は何ですか。次の**ア**～**カ**から組み合わせとして正しいものを１つ選び，記号で答えなさい。

	①	②	③
ア	炭水化物	タンパク質	脂肪
イ	炭水化物	脂肪	タンパク質
ウ	タンパク質	炭水化物	脂肪
エ	脂肪	炭水化物	タンパク質
オ	タンパク質	脂肪	炭水化物
カ	脂肪	タンパク質	炭水化物

（9）　ヒトが食べ物から脂肪を摂って，消化・吸収されるまでの過程の説明として<u>誤っている</u><u>もの</u>はどれですか。次の**ア〜エ**から１つ選び，記号で答えなさい。

　　　ア　胆汁に含まれる消化酵素やリパーゼなどのはたらきによって分解される。

　　　イ　分解されると脂肪酸とモノグリセリド（グリセリン）となる。

　　　ウ　分解されたものは，小腸でリンパ管に吸収される。

　　　エ　吸収されたのち，再び脂肪となって全身に運ばれる。

2024(R6) 日向学院高
K 教英出版

問題は次のページに続きます。

3 次の文章を読み，あとの問いに答えなさい。
　ただし，**図1**～**図4**および解答欄の方眼の1目盛りは1cmとします。

　図1のように凸レンズ1の前方（図ではレンズの左側）6cmのところに高さ4cmの物体を光軸に垂直に置く。このときレンズの後方（図ではレンズの右側）12cmのところにスクリーンを置いたところ，スクリーン上に高さ8cmの物体の像がはっきりとうつった。**図1**には物体の上端から凸レンズ1の中心に向かって入射した光線aが直進する様子と，スクリーン上の像を示している。また，物体の光軸から1cm上の点Pから凸レンズ1の光軸から3cm上の点Qに向かって入射する光線bは，レンズの前方の光線のみ描かれている。

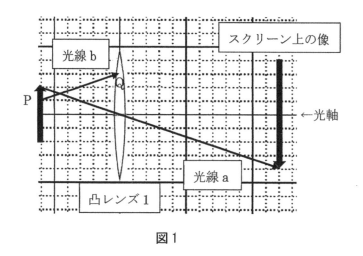

図1

（1）　**図1**のように，スクリーン上にはっきりとうつし出される像を何といいますか。

（2）　凸レンズ1の焦点距離は何cmですか。作図により求めなさい。

（3）　光線bは凸レンズ1を通った後どのように進みますか。解答欄の図に作図しなさい。

2024(R6) 日向学院高
K教英出版

図2のようにレンズの中心から上半分を，光を通さない板でおおった。

図2

（4） スクリーンにうつる像はどのようになりますか。次の**ア〜エ**から適当な
　　　ものを1つ選び，記号で答えなさい。

　　　ア　上半分がうつる　　　**イ**　下半分がうつる
　　　ウ　全体がうつる　　　　**エ**　像はうつらない

光を通さない板を取り除き，図3のように，凸レンズ1の前方2cmのところに物体を置いた。

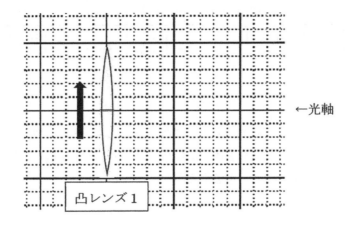

←光軸

凸レンズ1

図3

（5）　図3のとき，観察される像はどうなりますか。次の**ア〜エ**から適当なものを1つ選び，
　　　記号で答えなさい。

　　　ア　物体より大きな像がスクリーンにうつる
　　　イ　物体より小さな像がスクリーンにうつる
　　　ウ　物体と同じ大きさの像がスクリーンにうつる
　　　エ　スクリーンに像はうつらない

次に，図4のように焦点距離が6cmの凸レンズ2と焦点距離が3cmの凸レンズ3を並べた。2つのレンズは，凸レンズ2の後方（図ではレンズの右側）の焦点F_2と凸レンズ3の前方（図ではレンズの左側）の焦点F_3が一致するように並べ，凸レンズ2の前方10cmのところに高さ4cmの物体を置いた。

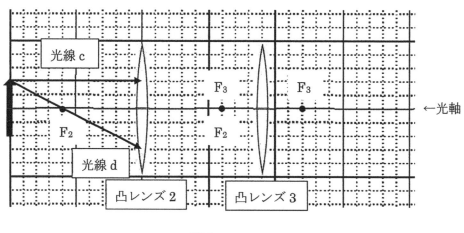

図4

（6）　図4の物体の上端から光軸と平行に進んで凸レンズ2に入射する光線cは，凸レンズ2の後方（図ではレンズの右側）から凸レンズ3の後方（図ではレンズの右側）にかけてどのように進みますか。解答欄の図中に作図しなさい。

（7）　図4の物体の上端から出て，凸レンズ2の前方（図ではレンズの左側）の焦点を通った光線dは，凸レンズ2の後方（図ではレンズの右側）を通り凸レンズ3の後方（図ではレンズの右側）にかけてどのように進みますか。解答欄の図中に作図しなさい。

（8）　（6），（7）の光線が交わったところに像ができることになります。そのことを踏まえると，スクリーンを凸レンズ3から何cmの距離のところに置くとはっきりとした像がうつりますか。また，そのときの像の高さは何cmですか。

- 13 -

日向学院高等学校入学試験問題

令和6年度

社　会

（50分　100点）

受験上の注意
1. 「始め」の合図があるまで、このページ以外のところを見てはいけません。
2. 問題は $\boxed{1}$ ～ $\boxed{3}$ まであります。
3. 答えは必ず解答用紙に記入しなさい。解答用紙はこの冊子の間にはさんであります。
4. 「始め」の合図があったら、まず解答用紙に受験番号、氏名を記入しなさい。
5. 問題用紙の不足や、印刷不鮮明の箇所があればだまって手を挙げなさい。
6. 「やめ」の合図があったら、すぐ鉛筆をおき、解答用紙は裏返しにして机の上に置きなさい。

K 教英出版

1   同じクラスで学ぶ史夫さんと祐子さんは、日本で昨年Ｇ７サミット（主要国首脳会議）や大臣会合が開催されたことに関心を持ち、調べ学習を行いました。その結果、日本では昨年を含めて、サミットが過去７回行われたことが分かりました。そこで、２人は、日本でのサミットの開催年とサミットの名称を次の資料１にまとめました。これにもとづく２人の会話を読んで、あとの問いに答えなさい。

資料１

開催年	サミットの名称
1979（昭和54）年	東京サミット
1986（昭和61）年	
1993（平成5）年	
2000（平成12）年	九州・①沖縄サミット
2008（平成20）年	②北海道洞爺湖サミット
2016（平成28）年	③伊勢志摩サミット
2023（令和5）年	④広島サミット

外務省ホームページをもとに作成

史夫：日本でのサミットは、最初の３回は東京で行われていたんだね。
祐子：そうね。その後は東京以外でサミットが開かれているみたいよ。
史夫：うん。こうして見てみると、日本にある４つの大きな島のうち、[＿＿＿＿]ではサミットがまだ開催されていないね。
祐子：私、この冬休みに [＿＿＿＿] を家族で一周したの。２泊３日の旅だったけど、とても楽しかったわ。
史夫：いいなぁ。ぼくもいつか行ってみたい。
祐子：ところで、資料１を見ると、サミットは７年に１度行われていたのに、途中で８年に１度に変わった頃があるね。
史夫：そうそう。調べたら、2006年にはロシアで、2014年にはベルギーで行われたんだって。
祐子：ベルギーの首都には、⑤ヨーロッパ連合（⑥ＥＵ）の本部があるね。実はヨーロッパ連合も、Ｇ７のメンバーに入っているのよ。

問１　会話中の [＿＿＿＿] に共通してあてはまる語句を漢字で答えなさい。

— 1 —

問2　下線部①「沖縄」について、資料2は、月別の「あるもの」の進路傾向を示しています。資料3は、沖縄県内にある伝統的な住居を撮影したものです。これらを見て、沖縄県内の伝統的な住居のつくりの特徴を、資料2の「あるもの」を明示して説明しなさい。

資料2　　　　　　　　　　　　　　　　資料3

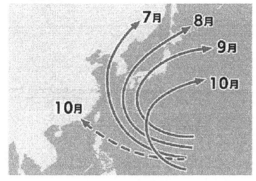

気象庁資料をもとに作成

問3　下線部②「北海道」について、次の各問いに答えなさい。
　ⅰ）資料4は、北海道内で行われている流氷観光の様子を撮影したものです。流氷観光が行われている海域を、資料5のア〜エから1つ選びなさい。

資料4　　　　　　　　　　　　　　　　資料5

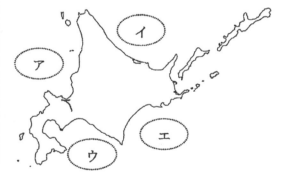

ⅱ）資料6から読み取れることとして**適当でないもの**を、下のア～エから1つ選び
なさい。

資料6

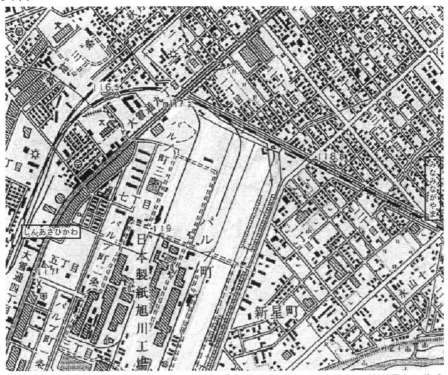

国土地理院発行　25,000分の1地形図より作成

ア．「しんあさひかわ」駅から見て、ほぼ南の方向に病院がある。
イ．この地形図の範囲には、「小・中学校」が複数ある。
ウ．この地形図の範囲には、森林資源を加工する工場がある。
エ．「しんあさひかわ」駅と「みなみながやま」駅の間は、地図上の直線距離が
　　約12cmなので、実際の距離は約300mである。

ⅲ）資料7は、全国の耕地面積と総農家数について、北海道、および北海道を除いた
都府県の合計を表したものです。これを見て、北海道の農業の特色を説明しなさい。

資料7

	耕地面積（ha）	総農家数（戸）
北海道	1,141,000	33,000
北海道を除いた都府県の合計	3,184,000	942,000

耕地面積、総農家数とも2022年
「作物統計調査」「農業構造動態調査」「生産農業所得統計」（農林水産省）より作成

問4　下線部③「伊勢志摩」について、次の問いに答えなさい。

　　ⅰ）伊勢志摩の位置を、資料8のア〜ウから1つ選びなさい。

　　ⅱ）資料8のア〜ウに共通してみられる海岸地形を、解答欄に従って答えなさい。

　　ⅲ）ⅱ）の海岸地形は、湾の水深が深いので船が入りやすく、入り江の奥は天然の漁港になります。また、湾内は波が静かなので、魚の養殖場として利用されることもあります。下の資料9は、日本における漁業別生産量の変化を示したものです。養殖漁業にあてはまるものを、グラフ中のア〜エから1つ選びなさい。

資料8

資料9

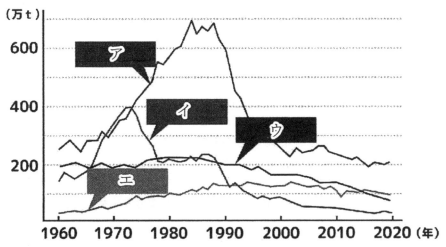

海面漁業生産統計調査より作成

問5　下線部④「広島」について、次の問いに答えなさい。

ⅰ）資料10は、広島市の平和・友好都市をまとめたものです。資料11は、平和・友好
　都市（一部）のおおよその位置関係を示したものです。資料11の　A　〜　C　にあて
　はまる都市の組み合わせとして正しいものを、下のア〜カから１つ選びなさい。

資料10

平和・友好都市	国名
ホノルル	アメリカ
ボルゴグラード	ロシア
ハノーバー	ドイツ
重慶	中国
大邱（テグ）	韓国
モントリオール	カナダ

広島市ホームページより作成（一部改変）

資料11

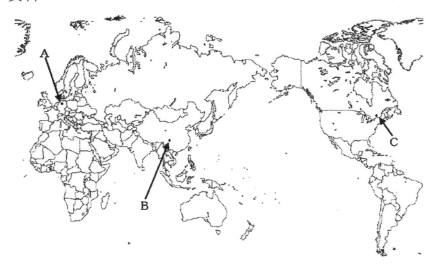

ア．A－重慶　　　　　　B－ハノーバー　　　C－モントリオール
イ．A－重慶　　　　　　B－モントリオール　C－ハノーバー
ウ．A－ハノーバー　　　B－重慶　　　　　　C－モントリオール
エ．A－ハノーバー　　　B－モントリオール　C－重慶
オ．A－モントリオール　B－重慶　　　　　　C－ハノーバー
カ．A－モントリオール　B－ハノーバー　　　C－重慶

ⅱ）資料11中の　A　〜　C　の都市について、日付が変わるのが早い順にアルファベッ
　トで答えなさい。

問6　下線部⑤「ヨーロッパ」について、次の問いに答えなさい。

　　ⅰ）資料12を見て、北緯45度の緯線として正しいものを、地図中のア～エから１つ選びなさい。

資料12

　　ⅱ）ロンドンと札幌では、ロンドンのほうが冬の気温が高い理由について説明した次の文中の（　Ａ　）・（　Ｂ　）にあてはまる語句を解答欄に従ってそれぞれ答えなさい。

> 　ロンドンは、暖流である（　Ａ　）と、その上空を吹く（　Ｂ　）の影響を受けているため、札幌よりロンドンのほうが冬の気温が高い。

　　ⅲ）資料12について述べたものとして最も適当なものを、次のア～エから１つ選びなさい。
　　　　ア．地図中には、首都の中に面積が世界最小の独立国がある国がある。
　　　　イ．地図中には、国民のほとんどが仏教を信仰している国がある。
　　　　ウ．地図中には、乾燥帯が国土面積の８割を占める国がある。
　　　　エ．地図中には、先端技術産業が発達している「シリコンバレー」がある。

問7　下線部⑥「ＥＵ」について、資料13はＥＵおよび前身のＥＣの拡大過程をまとめた
　　ものです。資料14は、2021年におけるＥＵ加盟国のうち、１人あたり国民総所得の上
　　位５カ国と下位４カ国を示したものです。これらの資料から読み取れることとして最
　　も適当なものを、下のア～エから１つ選びなさい。

資料13

年	出来事
1967年	ＥＣ（ヨーロッパ共同体）が設立。原加盟国は、フランス、ドイツ、イタリア、オランダ、ベルギー、ルクセンブルク。【計６か国】
1973年	イギリス、アイルランド、デンマークが加盟。【計９か国に】
1981年	ギリシャが加盟。【計10か国に】
1986年	スペイン、ポルトガルが加盟。【計12か国に】
1993年	マーストリヒト条約が発効し、ＥＣからＥＵへ。
1995年	オーストリア、スウェーデン、フィンランドが加盟。【計15か国に】
2004年	キプロス、チェコ、エストニア、ハンガリー、ラトビア、リトアニア、マルタ、ポーランド、スロバキア、スロベニアが加盟。【計25か国に】
2007年	ブルガリア、ルーマニアが加盟。【計27か国に】
2013年	クロアチアが加盟。【計28か国に】
2020年	イギリスが離脱。【計27か国に】

資料14

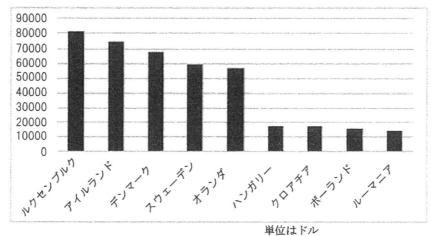

単位はドル
地理データファイル2023年度版より作成

ア．１人あたり国民総所得の上位５か国はすべて、ＥＣ創設時の原加盟国である。

イ．１人あたり国民総所得の上位５か国には、ヨーロッパ北部に位置している国が
　　ある。

ウ．１人あたり国民総所得の下位４か国はすべて、2007年以降のＥＵ加盟国である。

エ．１人あたり国民総所得が下位４か国には、ヨーロッパ西部に位置している国が
　　ある。

2 次の文を読み、あとの問いに答えなさい。

　飫肥藩の家老が書いた日誌に、宮崎で製鉄が試みられた記録がある。①安政元（1854）年の春に、現在の宮崎市内海で広島から職人を招いて製鉄を試みた。しかしうまくいかず、翌年には施設を閉鎖したという。原料の砂鉄が塩分を多く含んで品質が劣っていたことが原因のようである。その場所は特定されていないが、内海川の上流３kmあたりではないかと推定されている。

　そもそも日本に鉄が伝わったのは、②縄文時代も終わりの時期である。福岡・長崎と北海道のいくつかの遺跡から、鉄の矢じりの破片や小さな鉄の破片が見つかっている。弥生時代になると本格的に持ち込まれ、③青銅器とともに色々な道具に加工されて利用された。

　そして、遅くとも④古墳時代の後期（６世紀ごろ）までには、国内で製鉄が行われるようになった。そして独自の発展をとげる。⑤原料も、最初は鉄鉱石が使われるケースが見られたがやがて砂鉄が使われるようになり、炉の中で砂鉄と炭を３〜４日間燃やし続けて鉄の塊をつくる「たたら製鉄」が行われるようになった。

　中世になると国内の流通事情がよくなり、中国山地を中心とした西日本の良質な鉄素材や⑥鉄製品が広く流通するようになる一方、⑦質の悪い砂鉄を原料としていた地域での製鉄は衰退した。九州では14世紀に多くの製鉄炉が姿を消している。

　以後は中国山地が日本の鉄生産の中心地となり、⑧近世に入ると、炉に空気をおくる“ふいご”の改良や、従来は露天で行われていた作業を建物の中で行うようにするなどの進歩もあって、さらに増産が進んだ。

　⑨ところが幕末になると、中世のころに製鉄をやめた地域で鉄の生産が試みられた。冒頭の飫肥藩もその１つである。しかし他藩も飫肥藩と同様、多くが間もなく操業を停止した。

　そして、釜石で西洋の技術を取り入れた製鉄所が作られ、外国からも鉄が輸入されるようになり、1901年には（　Ａ　）が操業を開始してやがて生産が軌道に乗ると、⑩たたら製鉄はほとんど行われなくなった。⑪現在は、日本刀を制作する刀鍛冶への材料を供給する必要から、島根県の「日刀保たたら」で毎年１月中旬から２月初旬にかけて操業しているのみである。（参考文献　松井和幸　『鉄の日本史』　筑摩書房　2022年）

問１　文中の空欄（　Ａ　）に入る語句を答えなさい。

問２　下線部①に関して、この年号が使われた時期に起きた**出来事でないもの**を、次のア〜エから１つ選びなさい。
　　　　ア．ハリスが来日した。
　　　　イ．徳川家茂が14代将軍になった。
　　　　ウ．ペリーが初めて浦賀に来航した。
　　　　エ．井伊直弼が幕府批判をした勢力を厳しく弾圧した。

問3　下線部②に関して、この時代のことについて書いた文章として正しいものの組み合わせとして最も適当なものを、下のア〜エから1つ選びなさい。

　　　a．人々は各地を転々と移動しながら生活していた。
　　　b．人々は同じ場所に定住して生活していた。
　　　c．各地の遺跡から土偶が発見されている。
　　　d．代表的な遺跡に岩宿遺跡がある。
　　　　ア．a・c　　　イ．a・d　　　ウ．b・c　　　エ．b・d

問4　下線部③に関して、日本では鉄器と青銅器がほぼ同時期に使われるようになりました。その結果、青銅器は間もなく実用品としては使われなくなります。例えば右の写真の青銅器は、もともと鈴として日本に伝えられたものが、別の用途に使われるようになりました。他の青銅器も同じような変化をしているが、どのようなものとして使われたか、説明しなさい。

問5　下線部④に関して、資料1は稲荷山古墳から出土した鉄剣の表面と裏面の写真です。この裏面には「獲加多支鹵大王」が刻まれています。この鉄剣に関連して、次の問いに答えなさい。

　i）この鉄剣が発見された場所を、下の資料2の地図中ア〜エから1つ選びなさい。
　ii）この鉄剣に関連して書かれた記述として最も適当なものを、次のア〜エから1つ選びなさい。

　　　ア．この鉄剣は、渡来人によって大陸から持ち込まれたものである。
　　　イ．この鉄剣と同じ「獲加多支鹵大王」が刻まれた鉄刀が岩戸山古墳から発見されている。
　　　ウ．獲加多支鹵大王は仁徳天皇と考えられている。
　　　エ．獲加多支鹵大王は中国の南朝に使いを派遣した。

　　　資料1　　　　　資料2

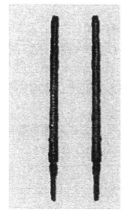

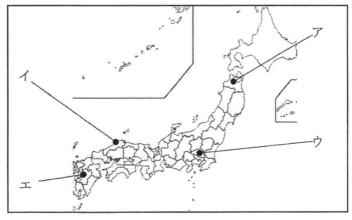

問6　下線部⑤に関連して、この変化が起きた理由を、次のデータで必要なものを適切に利用し、推測して答えなさい。

　　　　データ１：2020年のデータでは、日本は鉄鉱石を100％輸入している。
　　　　データ２：2018年のデータでは、世界の鉄鉱石の産出量は15.2億ｔで、おもな産出国は次のようになっている。

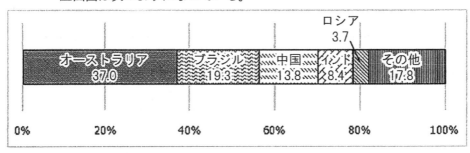

　　　　データ３：近代的に大規模な採掘が行われた鉱山としては釜石鉱山が知られるが、1993年に採掘を終了した。

問7　下線部⑥に関して、この１つとしての刀剣は日明貿易での主要な輸出品でした。日明貿易について、以下の問いに答えなさい。

　ⅰ）この貿易では、貿易が認められた証明書を必要としました。この証明書を何というか答えなさい。

　ⅱ）ⅰ）の証明書は、当時大陸の沿岸を襲っていた海賊と区別するために必要とされました。その海賊のことを何と呼ぶか答えなさい。

問8　下線部⑦に関して、つまりこれ以前は、質の悪い鉄でも各地で作り続けられていました。なぜ、質の悪い鉄を作り続ける必要があったのか、リード文（8ページの文章）の文言も利用しながら、次の２つの言葉を必ず使用して説明しなさい。

　　　　　　　　　鉄　・　他地域

問9　下線部⑧に関して、この時期の出来事を書いた次のア〜オを年代順に並べたとき、１番目・３番目・５番目になるものの記号をそれぞれ答えなさい。

　　ア．平戸のオランダ商館を、長崎の出島に移した。

　　イ．伊能忠敬が全国の沿岸を測量し、正確な日本地図を作った。

　　ウ．検地で明らかになった収穫高は、全国共通の大きさのますで測られ、石高で示されるようになった。

　　エ．田沼意次が、株仲間を認めるかわりに一定の税を納めさせて、幕府の収入を増やそうとした。

　　オ．江戸幕府が目安箱を設置して民衆から意見を求めたり、公事方御定書を作って裁判の参考にした。

一

問9	問8	問7	問6	問5	問4	問3	問2	問1
					ウ	ア	a	1
								み
		～				イ	b	2
							c	
							d	3
	ような説明の仕方。							4
								む
								5
								いて

問1				
1	2	3	4	5
			し	

3	(1)	(2)	(3)	(4)
	$a=$			(,)

4	(1)	(2)	(3)	(4)
	km	時　分		km

5	(1)		(2)	(3)	(4)
	平行	ねじれの位置	cm³	cm²	cm³

| 6 | 問1 | | 問2 | | 円 | 問3 | | | |

| 7 | 問① | ア | | イ | | ② ウ | | エ | |
| | 1 ③ | オ | | カ | | ④ キ | | ク | |

| 問2 | a. I think taking power naps is good   b. I don't think taking power naps is good |
| | because ( ). |

8	問1	①		④		
	問2					
	問3					
	問4					
	問5	(キ) → ( ) → ( ) → ( ) → (ア) → ( ) → ( ) → ( )

3

（1）				
（2）	cm			

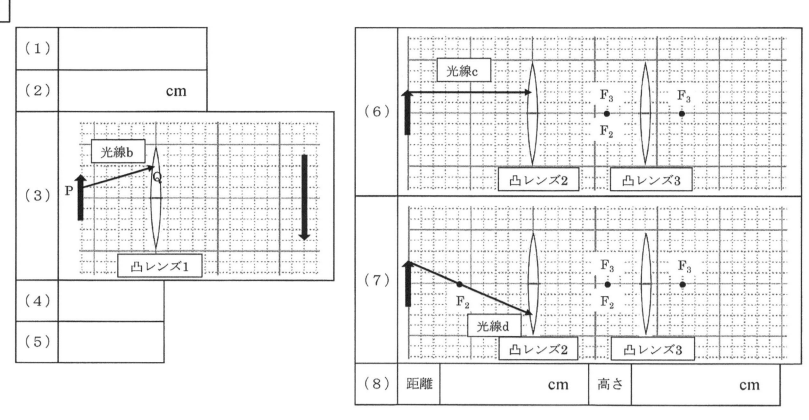

光線b

P　Q

凸レンズ1

（4）	
（5）	

光線c

F₃　F₃

F₂

凸レンズ2　凸レンズ3

（6）

F₃　F₃

F₂　F₂

光線d

凸レンズ2　凸レンズ3

（7）

（8）	距離	cm	高さ	cm

	1番目	3番目	5番目		i	ii
問9				問10		

	i	ii		
問11			問12	

3

	A	B	C	D		A	B	C	D	E
問1					問2					

	A	B	C			問5	
問3				問4			

	A	B	C		A党	B党	C党	D党
問6				問7	議席	議席	議席	議席

			D	E
問8		問9		

	i			ii	
	A	B	C	a	b
問10					

	i	ii
問11		

問12	

問13	

社会解答用紙

受験番号		氏名	

1

問1	

問2	

問3	i	ii	iii

問4	i	ii　　　海岸	iii

問5	i	ii
		→　　　→

問6	i	ii　　A　　海流　B　　風	iii	問7

2

問1		問2		問3		問4	

問5	i	ii

問6	おそらく　　　　　　　　　　　　　　　　　　　　　　　　　　ので　　　　　　　　　　　　　　　　　　　　　　だろう

問7	i	ii

令和6年度

理科解答用紙

※100点満点
（配点非公表）

受験番号		氏　名	

1

I

（1）	①	②	③	④	⑤	⑥

（2）	

（3）	①	②	③	④	⑤	⑥

（4）	mL	（5）	

（6）	

II

（1）		（2）		①		②	

（3）	hPa	（4）		（5）	%

2

（1）		（2）			❶	
				（3）		

英語　解答用紙

受験番号		氏名	

【リスニング問題】

1

	A	(1)	ア		イ		ウ		(2)	ア		イ	

	B	(1)		(2)		(3)	

	C	(1)		(2)		(3)	

【筆記問題】

2

(1)		(2)		(3)	

3

(1)		(2)		(3)	

4

(1)	( ) at all.
(2)	No ( ) earth.
(3)	I ( ).

令和6年度

数学解答用紙

| 受験番号 | | 氏 名 | |

※100点満点
（配点非公表）

1	(1)	(2)	(3)	(4)	(5)
					$x=$

2	(1)	(2)		(3)	(4)
		$a=$	$b=$		,

(5)	(6)	(7)	
度	cm	① 度	② 度

【解答

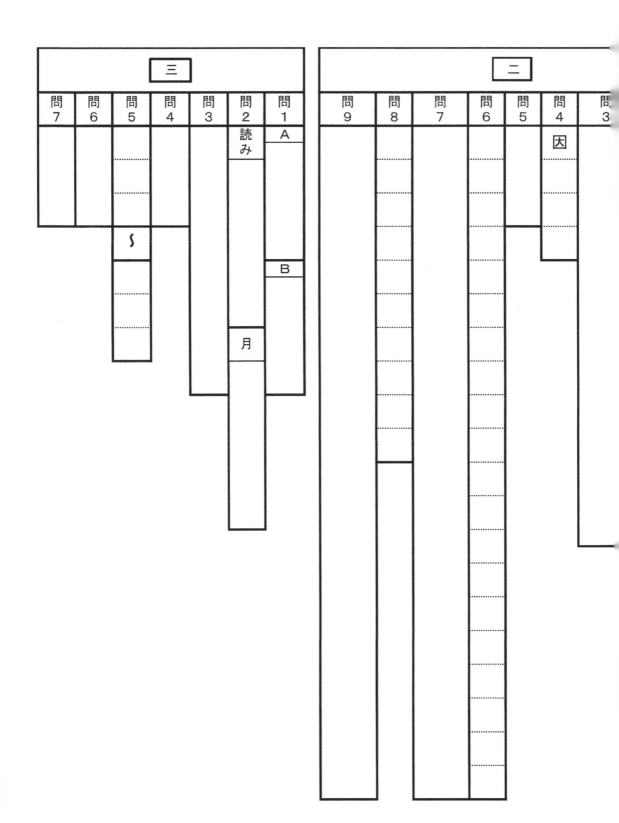

問10　下線部⑨に関して、この動きは、外国船が日本の近海に出没するようになり、海岸防衛の重要性が意識されたからです。そのことに関連して、次の問いに答えなさい。

ⅰ）次のⅠ〜Ⅲの出来事を年代順に正しく並べているものを、下のア〜カから１つ選びなさい。

　　　Ⅰ　イギリスの軍艦フェートン号が長崎に来航した。
　　　Ⅱ　アメリカの商船モリソン号が浦賀に来航した。
　　　Ⅲ　ロシア人レザノフが長崎に来航した。

　　　ア．Ⅰ－Ⅱ－Ⅲ　　　イ．Ⅰ－Ⅲ－Ⅱ　　　ウ．Ⅱ－Ⅰ－Ⅲ
　　　エ．Ⅱ－Ⅲ－Ⅰ　　　オ．Ⅲ－Ⅰ－Ⅱ　　　カ．Ⅲ－Ⅱ－Ⅰ

ⅱ）この時期に製鉄を試みた藩は、ほぼ共通して何かを作るための鉄を必要としていました。何を作ろうとしていたのか、右の四国連合艦隊が下関砲台を攻撃したとき（1864年）の写真を参考に答えなさい。

問11　下線部⑩に関して、たたら製鉄は、太平洋戦争の頃に、軍刀を作る必要などから一時復活しています。その時期について、以下の問いに答えなさい。

ⅰ）軍部が政治の主導権を握って戦争への道を歩もうとする頃、ロンドン海軍軍縮条約に調印した内閣の首相が狙撃される事件が起きています。その首相は誰か、次のア〜エから１つ選びなさい。

　　　ア．犬養毅　　　　イ．伊藤博文　　　ウ．浜口雄幸　　　エ．近衛文麿

ⅱ）第二次世界大戦は、アメリカ・イギリス・ソ連などを中心とした勢力と、日本・ドイツ・イタリアを中心とした勢力の戦いでした。前者を「連合国」と言うのに対して、後者は何と呼ばれたか、答えなさい。

問12　下線部⑪に関して、2022年２月にロシアによるクリミアへの侵攻が始まりました。しかしこの両国は、かつては他の13カ国とともに連邦国家を構成していました。1991年に崩壊した、この連邦国家の名称を答えなさい（略称可）。

3 　社会の授業のなかで、授業で関心のあった内容をグループで発表をしました。各班の発表に関するそれぞれの問いに答えなさい。

1班の発表

> 　私たちは基本的人権について調べました。　①人権思想は市民革命の頃から広まったと考えられています。　②日本国憲法のなかでも多くの基本的人権が規定されています。最近の話題としては、　③マイナンバー制度についての信頼性が話題になりました。しかし、現在もさまざまな④差別が存在します。私たちは「違い」を排除するのではなく、「違い」を認め合う社会を作るために、意識していく必要があると思います。

問1　下線部①に関して、次のア～エは人権に関する文書の一部を抜粋したものです。A～Dに当てはまる文書の内容をもとに、それぞれア～エから1つずつ選びなさい。

A　権利章典　　　　B　アメリカ独立宣言　　　　C　フランス人権宣言

D　ワイマール憲法

ア

> 　われわれは、自明の真理として、すべての人は平等に造られ、造物主によって、一定の奪い難い天賦の権利を付与され、その中には生命、自由および幸福の追求の含まれることを信ずる。（中略）
> 　そしていかなる政治形体といえども、もしこれらの目的を棄損するものとなった場合には、人民はそれを改廃し、彼らの安全と幸福とをもたらすべしと認められる主義を基盤とし、また権限の機構をもつ、新たな政府を組織する権利を有することを信ずる。

イ

> 第151条　経済生活の秩序は、すべての者に人間たるに値する生活を保障する目的をもつ正義の原則に適合しなければならない。この限界内で個人の経済的自由は、確保されなければならない。

ウ

> 第1条　人は自由かつ権利において平等なものとして出生し、かつ生存する。
> 第3条　あらゆる主権の原理は、本質的に国民に存する。
> 第16条　権利の保障が確保されず、権力の分立が規定されないすべての社会は、憲法をもつものではない。

エ

> 1条　議会の同意なしに、国王の権限によって法律とその効力を停止することは違法である。
> 4条　国王大権と称して、議会の承認なく、国王の統治のために税金を課すことは、違法である。

問2　下線部②に関して、A～Eの基本的人権の分類にあてはまる日本国憲法の条文はどれ
　　か、下のア～オから1つずつ選びなさい。
　　　A　平等権　　　　B　精神の自由　　　C　身体の自由
　　　D　経済の自由　　E　社会権

　　　ア．第14条　すべて国民は法の下に平等であつて、人種、信条、社会的身分又は門
　　　　　地により、政治的又は社会的関係において差別されない。
　　　イ．第18条　何人も、いかなる奴隷的拘束も受けない。又、犯罪に因る処罰の場合
　　　　　を除いては、その意に反する苦役に服されない。
　　　ウ．第20条　信教の自由は、何人に対してもこれを保障する。いかなる宗教団体も、
　　　　　国から特権を受け、又は政治上の権力を行使してはならない。
　　　エ．第25条　すべて国民は、健康で文化的な最低限度の生活を営む権利を有する。
　　　オ．第29条　財産権はこれを侵してはならない。

問3　下線部③に関して、マイナンバー制度に関して生徒たちで話し合いをしました。その会話文中（　A　）〜（　C　）に当てはまる内容を、次ページのア〜ウからそれぞれ1つずつ選びなさい。

> 生徒P：資料1は各都道府県でのマイナンバーカードの交付に関するものだけど、（　A　）。
>
> 生徒Q：本当だね。資料2の年齢別での男女の保有枚数率をみると（　B　）ということがわかるね。
>
> 生徒R：マイナンバーカードの交付を受けていない人の理由としては、交付申請が面倒であること、紛失した際に個人情報を見られる可能性がある、つまり基本的人権でいうと（　C　）が侵害されるおそれがあるからだと考えられるよ。

資料1　都道府県別マイナンバーカードの交付・保有枚数等について

都道府県名	人口 （R5.1.1時点）	交付枚数（累計）	保有枚数	人口に対する 保有枚数率
北海道	5,139,913	3,870,803	3,675,494	71.5%
青森県	1,225,497	954,390	902,468	73.6%
岩手県	1,189,670	918,022	868,221	73.0%
宮城県	2,257,472	1,734,773	1,647,815	73.0%
秋田県	941,021	753,858	717,862	76.3%
山形県	1,042,396	834,325	794,143	76.2%
福島県	1,818,581	1,417,771	1,335,447	73.4%
茨城県	2,879,808	2,219,386	2,082,414	72.3%
栃木県	1,929,434	1,494,388	1,409,006	73.0%
群馬県	1,930,976	1,484,160	1,400,380	72.5%
埼玉県	7,381,035	5,488,936	5,210,076	70.6%
千葉県	6,310,075	4,845,432	4,591,377	72.8%
東京都	13,841,665	10,432,929	9,659,703	69.8%
神奈川県	9,212,003	7,044,697	6,625,370	71.9%
新潟県	2,163,908	1,672,659	1,598,785	73.9%
富山県	1,028,440	820,745	781,176	76.0%
石川県	1,117,303	893,785	849,635	76.0%
福井県	759,777	607,393	578,280	76.1%
山梨県	812,615	623,626	589,435	72.5%
長野県	2,043,798	1,530,543	1,453,135	71.1%
岐阜県	1,982,294	1,599,889	1,514,932	76.4%
静岡県	3,633,773	2,906,640	2,739,596	75.4%
愛知県	7,512,703	5,837,705	5,482,131	73.0%
三重県	1,772,427	1,361,822	1,277,321	72.1%
滋賀県	1,413,989	1,116,925	1,055,362	74.6%
京都府	2,501,269	1,884,677	1,768,164	70.7%
大阪府	8,784,421	6,628,693	6,231,320	70.9%
兵庫県	5,459,867	4,281,511	4,013,418	73.5%
奈良県	1,325,385	1,047,976	985,062	74.3%
和歌山県	924,469	726,292	690,832	74.7%
鳥取県	546,558	442,599	420,310	76.9%
島根県	658,809	531,504	501,551	76.1%
岡山県	1,865,478	1,451,315	1,377,354	73.8%
広島県	2,770,623	2,240,452	2,114,342	76.3%
山口県	1,326,218	1,076,188	1,014,835	76.5%
徳島県	718,879	542,221	512,921	71.4%
香川県	956,787	753,525	715,660	74.8%
愛媛県	1,327,185	1,065,047	1,010,335	76.1%
高知県	684,964	503,055	480,462	70.1%
福岡県	5,104,921	3,913,995	3,724,881	73.0%
佐賀県	806,877	656,282	622,304	77.1%
長崎県	1,306,060	1,032,522	969,566	74.2%
熊本県	1,737,946	1,378,348	1,306,726	75.2%
大分県	1,123,525	888,014	841,177	74.9%
宮崎県	1,068,838	935,994	868,946	81.3%
鹿児島県	1,591,699	1,309,952	1,241,595	78.0%
沖縄県	1,485,526	958,499	899,843	60.6%

資料２　男女別マイナンバーカードの交付・保有枚数等について

年齢	人口に対する保有枚数率		
	男	女	計
全体	71.4%	73.9%	72.7%
0〜4歳	57.1%	57.3%	57.2%
5〜9	70.7%	71.3%	71.0%
10〜14	71.8%	72.4%	72.1%
15〜19	74.6%	74.8%	74.7%
20〜24	67.1%	72.1%	69.5%
25〜29	64.1%	73.3%	68.6%
30〜34	66.5%	74.5%	70.4%
35〜39	67.8%	74.7%	71.2%
40〜44	68.6%	75.2%	71.8%
45〜49	68.2%	74.2%	71.2%
50〜54	71.7%	78.2%	74.9%
55〜59	73.9%	80.0%	76.9%
60〜64	76.8%	81.0%	78.9%
65〜69	77.8%	80.2%	79.0%
70〜74	74.0%	75.8%	75.0%
75〜79	83.3%	82.3%	82.8%
80歳以上	74.2%	61.1%	65.9%

出典　いずれも総務省WEBページより作成
令和５年10月末時点

（　A　）に入る内容

　　ア．一番交付枚数が多いのはやはり東京都で、次に多いのは大阪府だね

　　イ．人口の多い都市部ほど保有枚数率が高く、人口の少ない地方は保有枚数率
　　　が低い傾向にあるね

　　ウ．人口に対する保有枚数率をみると、私たち宮崎県が一番高いね

（　B　）に入る内容

　　ア．年齢が上がるにつれて、保有枚数率が高くなる傾向がある

　　イ．男女別でみると、すべての年代で女性が男性を上回っている

　　ウ．０〜４歳の保有枚数率が低いので、健康保険証と一体化した際は心配だ

（　C　）に入る内容

　　ア．平等権　　　　イ．知る権利　　　　ウ．プライバシーの権利

問４　下線部④に関して、1985年に制定された仕事における男女差別を禁止した法律名を
　　漢字で答えなさい。

2班の発表

　　私たちは政治について調べました。今年（2023年）1月に開かれた（　D　）国会では、⑤防衛費が過去最大の約6兆8000億円になったことが話題になりました。秋に開かれた（　E　）国会では、⑥景気対策が話題となりました。また、⑦衆議院の解散がうわさされましたが、結局は解散されることはありませんでした。⑧地方の政治に目を向けると、宮崎県においては2022年に知事選挙が行われ、接戦でしたが河野知事が再選されました。私たちは、常に政治に関心を持ち、より良い未来を作っていく責務があります。

問5　下線部⑤に関して、憲法第9条や日本の防衛に関する記述として最も適当なものを、次のア～エから1つ選びなさい。

　　　ア．憲法第9条では、「戦争の放棄」、「戦力不保持」、「非核三原則」が記されている。

　　　イ．自衛隊は専守防衛が原則のため、集団的自衛権の行使は一切できない。

　　　ウ．ベトナム戦争をきっかけに自衛隊は、PKOに参加しはじめた。

　　　エ．日米安全保障条約に基づいて、日本にはアメリカ軍が駐留しているが、その多くは沖縄県に集中している。

問6　下線部⑥に関して、一般的な景気対策として次の文章が正しくなるように、文中A～Cのなかのア・イを選びなさい。

　　　日本銀行が行う金融政策で、不況の際は公開市場操作として、A（ア　買いオペ　イ　売りオペ）を行う。また、政府が行う財政政策では、公共投資をB（ア　増加　イ　減少）し、またC（ア　増税　イ　減税）を行う。

問7　下線部⑦に関して、衆議院で解散総選挙が行われる際に小選挙区制と比例代表制の選挙が行われます。あるブロックの比例代表選挙において次のような選挙結果だった際に、各政党が何議席獲得するかを答えなさい。このブロックの定数は10議席です。

	A党	B党	C党	D党
得票数	30,000	21,000	18,000	7,200
1				
2				
3				
4				
5				

問8　下線部⑧に関して、地方の政治に関する記述として最も適当なものを、次のア～エから１つ選びなさい。

　　ア．地方の政治の首長である知事や市町村長の被選挙権はともに25歳以上である。

　　イ．首長は条例や予算の拒否権はあるが、地方議会の解散権はない。

　　ウ．条例の制定や改廃を請求する際は、有権者の３分の１の署名が必要である。

　　エ．宮崎県のような地方の財政は、歳入のうち地方税よりも地方交付税や国庫支出金の割合が高い傾向にある。

問9　空欄（　D　）・（　E　）に入る語句をそれぞれ漢字２字で答えなさい。

3班の発表

　私たちは日本の経済について調べました。新型コロナウィルスが5類に引き下げられ、ようやく日本経済にも明るいきざしが見えてきました。⑨外国為替の影響で、外国人観光客も以前の状態に戻ってきました。しかし、⑩物価が高騰している割には、特に⑪中小企業の給料が上がらない状態が続いています。2023年のGDPはドイツに抜かれて4位になる見通しだという発表もありました。

　高校3年生になると私たちは⑫成人になります。経済について理解し、自立した消費者になるよう、これからも勉強していく必要があると感じました。

問10　下線部⑨に関して、以下の問いに答えなさい。

　ⅰ）外国為替に関する次の文章が正しくなるように、選択肢A〜Cのなかのア・イを選びなさい。

　　　1ドル100円が110円になることを **A（ア　円高　イ　円安）** という。円安になると日本製品が **B（ア　高く　イ　安く）** なり、日本の自動車会社のような輸出が中心の企業にとっては **C（ア　有利　イ　不利）** になる。

　ⅱ）次の計算をしなさい。
　　　・1ドル80円の時、12万円は（　a　）ドルになる。
　　　・1ドル120円の時、1200ドルは（　b　）円になる。

問11　下線部⑩に関して、以下の問いに答えなさい。

　ⅰ）物価が高騰している状態を何というか、**カタカナ**で答えなさい。
　ⅱ）好況時の経済の状態として正しいものを、次のア〜クから**2つ**選びなさい。

　　　ア．失業者が増える　　　　イ．生産が拡大する
　　　ウ．在庫が増える　　　　　エ．企業の利益が減る
　　　オ．賃金が下がる　　　　　カ．企業の倒産が増える
　　　キ．ものがよく売れる　　　ク．家計の収入が減る

問12　下線部⑪に関して、次の資料３・４から読み取れる中小企業の特徴を【大企業・中小企業の数・賃金】という語をすべて使用して説明しなさい。

資料３

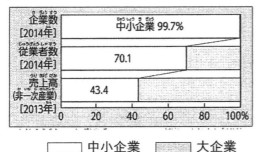

資料４

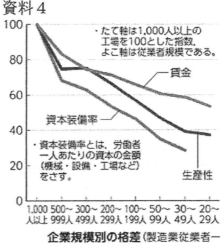

・たて軸は1,000人以上の工場を100とした指数。よこ軸は従業者規模である。

賃金

資本装備率

・資本装備率とは、労働者一人あたりの資本の金額（機械・設備・工場など）をさす。

生産性

企業規模別の格差（製造業従業者一人あたり。2016年。経済産業省「工業統計調査」による）

問13　下線部⑫に関して、18歳で成人になると、保護者の同意なしで契約をすることができます。契約に関する記述として最も適当なものを、次のア〜エから１つ選びなさい。

　　ア．宅配ピザで契約が成立するのは、電話で注文し、「〇時までにお届けします」と店員が答えた時である。

　　イ．ある靴屋でスニーカーを買ったが、ホームセンターで同じものが安くで売っていたので、靴屋にスニーカーを返品（売買契約を取り消す）することができる。

　　ウ．18歳になり、親に内緒で10万円のエレキギターを買ったが、保護者がその契約を取り消すことはできる。

　　エ．インターネットショッピングでスーツケースを買ったが、思ったより小さかったので、クーリングオフすることはできる。

＊＊＊

日向学院高等学校入学試験問題

＊＊＊

令和5年度

国　語

（50分　100点）

受験上の注意

1. 「始め」の合図があるまで、このページ以外のところを見ては
   いけません。
2. 問題は ⬚一⬚ ～ ⬚三⬚ まであります。
3. 答えは必ず解答用紙に記入しなさい。解答用紙はこの冊子の
   間にはさんであります。
4. 「始め」の合図があったら、まず解答用紙に受験番号、氏名を
   記入しなさい。
5. 問題用紙の不足や、印刷不鮮明の箇所があればだまって手を
   挙げなさい。
6. 「やめ」の合図があったら、すぐ鉛筆をおき、解答用紙は裏返
   しにして机の上に置きなさい。

2023(R5) 日向学院高

Ⓚ教英出版

一　次の文章を読んで、後の問いに答えなさい。

　ものにはそのひとつひとつに生産の過程があり、マーケティングのプロセスがある。石油や鉄鉱石のような資源の採掘に始まる遠大なものづくりの端緒に遡って、ものは計画され、ジッシ₍ア₎されて世にかたちをなしてくる。さらに広告やプロモーションが流通の後押しを受けて、それらは人々の暮らしのそれぞれの場所にたどり着く。そこにどれほどのエネルギーが消費されることだろう。資源も、創造も、輸送も、電波も、チラシも、コマーシャルも、それらの大半が、暮らしに濁り₍イ₎を与えるだけの結果しかもたらしていないとするならば、これほど虚しいことはない。

　僕らはいつしか、もので溢れる日本というものを、一度を越えて許容してしまった結果か、（　a　）、世界第二位であったGDP※を、目に見えない誇りとして頭の中に装着してしまったかもしれない。戦後の物資の乏しい時代に経験したものへの渇望がどこかで幸福を測る感覚の目盛りを狂わせてしまったのかもしれない。秋葉原にしてもブランドショップにしても、過剰なる製品キョウキュウ₍ウ₎の情景は、ものへの切実な渇望をひとたび経験した目で見るならば、確かに頼もしい勢いに見えるだろう。だから、いつの間にか日本人はものを過剰に買い込み、その異常なる量に鈍感になってしまった。

　しかし、そろそろ僕らはものを捨てなくてはいけない。捨てることのみを「もったいない」と考えてはいけない。捨てられるものの風情₍ふぜい₎に感情移入して「もったいない」と感じる心持ちにはもちろん共感できる。しかし膨大な無駄を排出した結果の、廃棄の局面でのみ機能させるのだとしたら、その①「もったいない」はやや鈍感に過ぎるかもしれない。廃棄する時では遅いのだ。もしそういう心情を

1

働かせるなら、まずは何かを大量に生産する時に感じた方がいいし、さもなければそれを購入する時に考えた方がいい。もったいないのは、捨てることではなく、廃棄を運命づけられた A なる生産が意図され、次々と実行に移されることではないか。

だから大量生産という状況についてもう少し批評的になった方がいい。大量生産・大量消費を加速させてきたのは、企業のエゴイスティックな成長意欲だけではない。所有の果てを想像できない消費者のイマジネーションの※脆弱さもそれに加担している。ものは売れてもいいが、それは世界を心地よくしていくことが前提であり、人はそのためにもものを欲するのが自然である。 C 必要でもないものを溜め込むことは決して快適ではないし心地よくもない。

良質な旅館に泊まると、感受性の感度が数ランク上がったように感じる。それは空間への気配りが行き届いているために安心して身も心も解放できるからである。しつらいや調度の基本はものを少なく配することである。何もない簡素な空間にあってこそ、畳の目の織りなす面の美しさに目が向き、壁の漆喰の風情にそそられる。床に活けられた花や花器に目が向き、料理が盛りつけられた器の美しさを堪能できる。そして庭に満ちている自然に素直に意識が開いていくのである。ホテルにしても同様。簡潔に極まった環境であるからこそ一枚のタオルの素材に気を通わせることができ、バスローブの柔らかさを楽しむ肌の繊細さが呼び起こされてくるのである。

これは一般の住まいにも当てはまる。現在の住まいにあるものを最小限に絞って、不要なものを処分しきれば、住空間は確実に快適になる。試しに夥しい物品のほとんどを取り除いてみればいい。おそらくは予想外に美しい空間が出現するはずだ。

2023(R5) 日向学院高
K教英出版

2

無駄なものを捨てて暮らしを簡潔にするということは、家具や調度、生活用具を味わうための背景をつくるということである。芸術作品でなくとも、あらゆる道具にはソウ

Ｅソウオウの美しさがある。何の変哲もないグラスでも、しかるべき氷を入れてウイスキーを注げば、めくるめく琥珀色がそこに現れる。霜の付いたグラスを優雅な紙敷の上にぴしりと置ける片付いたテーブルがひとつあれば、グラス

は途端に魅力を増す。逆に、漆器が艶やかな漆黒をたたえて、陰影を礼讃する準備ができていたとしても、リモコンが散乱しているダイニングではその風情を味わうことは

難しい。
白木のカウンターに敷かれた一枚の白い紙や、漆の盆の上にことりと置かれた青磁の小鉢、塗り椀の蓋を開けた瞬間に香りたつ出し汁のにおいに、ああこの国に生まれてよかったと思う刹那がある。緊張ではなくゆ

そんな高踏な緊張など日々の暮らしに持ち込みたくはないと言われるかもしれない。家は休息の場でもあるの

るみや開放感こそ、心地よさに繋がるのだという考え方も当然あるだろう。ある種の堕落をはらんではいまいか。ものを用いる時に、そこにセンザイする美を発揮させられる空間や背景が

だ。しかし、だらしなさへの無制限の許容がリラクゼーションにつながるという考えは、

わずかにあるだけで、暮らしの喜びは必ず生まれてくる。そこに人は充足を実感してきたはずである。

伝統的な工芸品を活性化するために、様々な試みが講じられている。（　ｂ　）、現在の生活様式

にあったデザインの導入であるとか、新しい用い方の提案とかである。自分もそんな活動に加わった

こともある。そういう時に痛切に思うのは、漆器にしても陶磁器にしても、問題の本質はいかに魅力

的なものを生み出すかではなく、それらを魅力的に味わう暮らしをいかに再興できるかである。漆器

3

が売れないのは漆器の人気が失われたためではない。今日でも素晴らしい漆器を見れば人々は感動する。（　c　）、それを味わい※楽しむ暮らしの余白がどんどんと失われているのである。

伝統工芸品に限らず、現代のプロダクツも同様である。③豪華さや所有の多寡ではなく、利用の深度が大事なのだ。よりよく使い込む場所がないと、ものは成就しないし、ものに託された暮らしの豊かさも成就しない。だから僕たちは今、未来に向けて住まいのかたちを変えていかなくてはならない。育つものはかたちを変える。「家」も同様である。

ものを捨てるのはその一歩である。「もったいない」をより前向きに発展させる意味で「捨てる」のである。どうでもいい家財道具を世界一たくさん所有している国の人から脱皮して、簡潔さを背景にものの素敵さを日常空間の中で開花させることのできる繊細な感受性をたずさえた国の人に立ち返らなくてはいけない。

持つよりもなくすこと。そこに住まいのかたちを作り直していくヒントがある。④何もないテーブルの上に箸置きを配する。そこに箸がぴしりと決まったら、暮らしはすでに豊かなのである。

（原研哉『日本のデザイン』岩波新書）

注

　　プロモーション　……　商品の販売促進のために行う宣伝。

　　雑駁　……　雑然としてまとまりがないこと。

　　ＧＤＰ　……　国内総生産。

　　エゴイスティック　……　自己中心的。

問1　──ア〜オのカタカナを漢字に直し、漢字は読みをひらがなで答えなさい。

プロダクツ　……製品。

高踏　……気高くふるまうこと。

刹那　……一瞬間。

青磁　……青緑色の磁器。

礼讃する　……ありがたく思って、ほめたたえること。

漆黒　……黒くて光沢のあること。

バスローブ　……湯上りに着るタオル地の部屋着。

しつらい　……飾りつけること。

脆弱　……もろくてよわいこと。

問2　（　a　）〜（　c　）に当てはまる言葉として最も適切なものを次の中からそれぞれ選び、記号で答えなさい。（ただし、それぞれの記号は一度しか使えません。）

ア　そのうえ　　イ　あるいは　　ウ　だから　　エ　たとえば　　オ　しかし

5

問3　A〜C について、次の（ i ）〜（ ⅲ ）の問いに答えなさい。

（ i ）A に当てはまる言葉として最も適切なものを次の中から選び、記号で答えなさい。

ア　不毛　　イ　有効　　ウ　怠惰　　エ　完全　　オ　無能

（ ⅱ ）B に当てはまる言葉として最も適切なものを次の中から選び、記号で答えなさい。

ア　急速に　　イ　巧妙に　　ウ　無闇に　　エ　粗末に　　オ　未然に

（ ⅲ ）C に当てはまる言葉として最も適切なものを次の中から選び、記号で答えなさい。

ア　やや　　イ　もし　　ウ　さして　　エ　あたかも　　オ　おそらく

問4 ①「その『もったいない』はやや鈍感に過ぎるかもしれない」とありますが、これについて説明した次の文章の Ⅰ ～ Ⅴ に当てはまる言葉をそれぞれ本文中から指定された字数で抜き出して答えなさい。（ただし、 Ⅰ ～ Ⅴ には同じ言葉は入りません。）

筆者は、 Ⅰ （二字） することに対して「もったいない」と感じる前に、企業が成長を追い求めた結果、物が大量に Ⅱ （二字）・ Ⅲ （二字） されている状況を知ったうえで、物を Ⅱ するときや物を Ⅴ （二字） するときに「もったいない」という意識を持つべきであると考えている。

問5 ②「ゆるみや開放感こそ、心地よさに繋がるのだという考え方」とありますが、筆者はこの考えについてどう評価していますか。それを表す最も適切な漢字二字の言葉を本文中から抜き出して答えなさい。

問6 ③「豪華さや所有の多寡ではなく、利用の深度が大事なのだ」とありますが、なぜ「利用の深度が大事なのか」ですか。四十字以内で説明しなさい。

7

問7 ——④「何もないテーブルの上に箸置きを配する。そこに箸がぴしりと決まったら、暮らしはすでに豊かなのである」とありますが、それによって筆者はどういうことを言おうとしていますか。最も適切なものを次の中から選び、記号で答えなさい。

ア 不必要なものを減らし、テーブルに箸置きを均等に並べれば、箸が扱いやすくなり、生活に時間のゆとりがうまれるということ。

イ ものをすべて廃棄し、テーブルに箸置きを丁寧に置けば、箸の良さが引き立ち、食事を味わいながら楽しむ空間があらわれるということ。

ウ 簡単に装飾を施し、テーブルに調度と箸置きを等間隔に配置すれば、箸と箸置きの見た目の美しさが鮮やかに示され、暮らしが快活になること。

エ 簡潔に空間を保ち、テーブルに箸と箸置きを整然と配置すれば、それらの魅力が引き出され、暮らしにものの良さを味わうゆとりがうまれるということ。

オ 開放感のある雰囲気を作り、テーブルに箸と箸置きをそろえて置けば、それらを心地よく利用することが可能になり、和やかな暮らしが実現されること。

二　次の文章を読んで、後の問いに答えなさい。

　十歳の「私」は、夏休みに行った伯母（おば）の家で飼い犬の「チロ」に噛（か）まれてしまう。その晩、テレビアニメーションで登場人物が狂犬病に苦しむ場面を見て、「私」も、狂犬病に罹（かか）ったと勘違いし、死を覚悟することとなる。

①「ママ、私が死んだらどうする？」
　私は、たびたび、そんな質問をするようになり母を恐がらせた。
「死ぬなんて言葉を口に出したりしたら、現実になっちゃうのよ。絶対に、そんなこと聞かないでちょうだい」
　母の言葉に、私は、無言で首を横に振った。この人は、何も解（わか）っていない。私は、母を、いとおしく思った。

　今度は妹に尋ねた。
②「ねえ、お姉ちゃんが死んだら、どうする？」
「そしたら、去年の誕生日にパパが買った熊（くま）の縫（ぬ）いぐるみちょうだいよ」
　私は、うなだれて、自分の部屋に戻り、ひとりで、泣いた。孤独だった。

　今度は、父にも尋ねてみた。
③「パパ、私が死んだら、悲しい？」
　父は、げらげら笑った。

「生と死について考えているのか。やあ、わっはっはっは、カンシン、カンシン」

哲学どころの話ではなかった。私は死につつあるのだ。もしかしたら狂犬病かもしれない。その不安は、死の接近について、考え続けている内に、はっきりと、私は狂犬病であるというカクシンに変わって行った。私は、六ヵ月後に死ぬ。この事実だけが、私の頭の中を駆け巡っていた。

私は、物憂い気分に浸りながら、季節の移り変わりを感じていた。死を意識してから、私のまわりにうごめくはっきりと姿を現し始めていた。④形を持たないもの、たとえば、季節、たとえば時間、そういったものが、急速に姿を現し始めていた。色を持ち、意志を持ち、私に向かって歩き始めていた。そして、周囲の人々、それは主に家族のことだが、彼らが私の周囲に形成する感情のモザイクのようなものが、（　a　）。

積木のように重ねられていることも知った。彼らの私に対する感情には、まったく隙間がなかった。一時的に外そうとすると、その空白の感母の私に対する思いを手でつまみ、空気の中から、⑤空白を父や妹の感情の塊がおぎない、埋めるという感じだった。私は、初めて、家族が愛し合うことに、真空状態が存在しないことを知った。私の周囲は、濃密な他者からの愛で満たされていた。そして、幸福な人間は、そのことに気付くことがなく、そして、だからこそ幸福でいられるのだということに私は気付いた。

幸福は、本来、無自覚の中にこそ存在するのだ。私は、父と母と妹を見て、（　b　）そう感じた。その中で、私は、ひとり不安を背負い込んだ。自分が愛に包まれていると自覚してしまった子供ほど、不幸なものがあるだろうか。私は、目の奥のB涙腺（るいせん）を縛り上げ、日常から涙を排斥（はいせき）することに全力を傾けた。泣いてしまうと、ますます、彼らのカンシンを引くことになり、私が彼らの作り上げる空気のA均衡を取っているのを改めて思い出すことになる。私は、なるべく、人々に衝撃を与えないように

死にたいと心から願った。何事もなく日々が流れて行き、知らない内に、私だけが、彼らの中から抜け落ち、私の死など気付きもしないくらいに家族が幸福であること。⑥私が望んだのは、そのことだった。

さし当たって、発狂するということを遠ざけなければならない。私は、そう思いついた。私は宗教を持っていなかった。どうしたら良いのか、思案にくれながら、私は、秋の深まる学校への道を歩いた。

秋は、いつのまにか、匂いすら放っていた。橙色（だいだい）の柔らかな陽ざしは、私の瞳ばかりでなく、鼻までもシゲキして、私をたまらなくさせた。落ち葉を踏みしめながら、私は心の中で叫んだ。わかったから、あなたが私の側（そば）にいるのは、よくわかっているのだから。私は、秋に、そう伝え、聞き分けのない恋人をなだめるように、やさしく息を吹きかけ、抱きしめた。私は、男を愛するという言葉すら、その時、知らなかったが、そういうやり方で、秋を愛した。

〈中略〉

私は、墓地の入口に立っていた。犬の散歩をさせている人の姿が何人か見え、私は、少し安心した。その墓地には、古い木の十字架が、並んでいた。いわゆる日本式のお墓が、ひとつもなかったので、私は、幽霊（ゆうれい）の心配をしないですむことがありがたかった。見慣れていないお墓には、先入観がないからだ。私は、ジュンスイに、死んだ人々の眠る場所として、この墓地を選んだのだった。

私は、まず墓の前にひざまずいた。そして、両手を組んで、お祈りの格好をした。何を祈って良い

のか解らなかったが、私は、死者に敬意を表したのだった。

しばらくして、私は、鞄の中から、石を順番に取り出し、十字架の前に並べた。そして、少しの間、その石を撫でたり、自分の背よりも高い十字架を見上げたりして、時を過ごした。私は、石やお墓に親しみを覚えていた。ここにいる沢山の死んだ者たち。私も、いずれ、この仲間入りをするのだ。そんなことを考えていたら、時間が止まったような気がして、思わず、あたりを見まわした。いつものように空気は漂い、私の体を隙間なくオオっていた。けれど、それは、家にいる時のようなせつない思いを抱かせなかった。私は、まばたきもせずに、その場に座り込み、宙をにらんでいた。私は、暖かな懐かしいものに包まれて、身動きする必要も、悲しむ必要もなく、ただ自分がその場に存在しているという実感以外のすべてを失ない、そこにいた。私は、もしかしたら、今、死んでいるのだろうか。そんなふうにも思ったりした。心配する必要も、怯える必要すらない、何の必然も持たない快楽に身をゆだねていた。

（山田詠美『晩年の子供』）

問1 ＝＝＝ア〜オのカタカナを漢字に直し、漢字は読みをひらがなで答えなさい。

13

問2　~~~~A・Bを漢字に直したとき、それぞれ適切なものを次の中から選び、記号で答えなさい。

問3　（ a ）・（ b ）に当てはまる言葉として最も適切なものを次の中からそれぞれ選び、記号で答えなさい。

ア　歓心　イ　感心　ウ　寒心　エ　関心　オ　甘心

ア　しばらく　イ　そろそろ　ウ　つくづく　エ　もうすぐ　オ　まるで

問4　──①～③の質問に対する答えを聞いて、「私」は何を感じましたか。それがわかる言葉を本文中から二字で抜き出して答えなさい。

問5　──④「色を持ち、意志を持ち、私に向かって歩き始めていた」とありますが、どういうことですか。「私が～」に続く形で四十字以内で説明しなさい。

問6 ──⑤「真空状態」とありますが、これはどのような状態をたとえたものですか。簡潔に説明しなさい。

問7 ──⑥「私が望んだのは、そのことだった」とありますが、「そのこと」とはどのようなことですか。最も適切なものを次の中から選び、記号で答えなさい。

ア 「私」が死を恐れないことで、家族が安心し、平穏で幸せに暮らしていくということ。

イ 「私」が狂犬病であることを隠すことで、家族が均衡を保ち配慮して生活するということ。

ウ 「私」が愛されていることを自覚し、家族に感謝しながら死を迎えるということ。

エ 「私」が発狂することなく死ぬことで、幸せな家族に衝撃を与えるということ。

オ 「私」の死がおおごとにならずに、家族が幸福を保って日々を過ごすということ。

15

問8 次の会話は、生徒A〜Fが本文を読んで、「私」の「墓地」での様子について話し合ったものです。次の中で、誤っているものをすべて選び、記号で答えなさい。

ア　生徒A 「私」は、死を覚悟し、死後向かう場所として墓を選んだんだ。自然にそこを選ぶのが人間の必然みたいだね。

イ　生徒B 墓地での「私」は、死者を仲間として敬い祈っていたけど、死を覚悟したことがそのような行動をさせたんじゃないかな。

ウ　生徒C うん。私もそう思う。きっと死を受け入れることで得られる感覚だよね。石やお墓に悲しさを感じていたことにも共通するね。

エ　生徒D 死を目の前にして達観した「私」は、死に悩まされる日常の雰囲気を感じながらもせつないという気持ちは失くすことができているね。

オ　生徒E たしかに、存在する実感だけを認識して心地よさを感じているね。すでに死んでいるのではないかと錯覚しているくらいだよ。

カ　生徒F 死を迎える時というのは心配や悲しみといったものから解放されるのかもしれないな。だから、「私」は死を賞賛するようになったんだね。

三 次の文章を読んで、後の問いに答えなさい。

一休和尚、奈良の薪といふ処に、折々おはしましける。その辺の村々は近衛殿の御領地にてあり

けるが、左近尉といふ家老、百姓をひたものせぶり取りけるに、百姓どもこれをなげきて、いかが

せんとひしめきあへり。御公家の長袖なれば、訴へ申してみん」とて、訴状をたくみけるところへ、折節

一休鉢をひらきに出で給ふ。

百姓ども一休を請じ、①「この訴状お書きくだされよ」と頼みければ、ウ「やすきことなり。いかなる

ことぞや」とのたまへば、②「しかじかのことにて侍る」と申しければ、オ「長々しき状までもいる

べからず。これを持ちて近衛殿へ捧げよ」とて、歌詠みてやらせ給ふ。

世の中は月にむら雲花に風近衛殿には左近なりけり

その中の老人申しけるは、ア「いかに百姓の、当りきつしとても、武家とは

はるか違ふべし。御公家の長袖なれば、訴へ申してみん」とて、訴状をたくみけるところへ、折節

と詠みてこれを遣はされければ、村々の百姓、「かかることにては、免多く給はること思ひもよらず」

と申しければ、一休、「ひらさらこの歌のみ捧げよ」と仰せられて帰り給へば、おのおの僉議しけれ

ども、もとより土のつきたる男どもなれば、一筆読み書くことならざれば、是非なくかの歌を捧げれ

ば、近衛殿御覧じて、「これはいかなる人のしける」と仰せ出だされける。百姓申しけるは、「薪の

一休の御作にて候ふ」と申せば、「その放者ならでは、かかることいはん人は、今の世に覚えず」と

興じ給ひて、多くの免を下されけるとなり。

一休のお歌でございます

注

奈良の薪……現在の京都府京田辺市の一部。

近衛殿……五摂家の一つ、近衛家の当主。

免……年貢の免除率。

放者……ふざけた、滑稽なことをする者。

（『一休ばなし』巻一）

問1 次の言葉を現代仮名遣いに書き改めなさい。

（例）「和尚」（おしやう）　答…おしょう

i 「近衛殿」（このゑどの）

ⅱ 「仰せられて」（おほせられて）

ⅲ 「候ふ」（さうらふ）

問2 ===== A「やすきことなり」・B「是非なく」の意味を次の中からそれぞれ選び、記号で答えなさい。

A ア たやすいことだ
　　イ ふしぎなことだ
　　ウ おもしろいことだ
　　エ かなしいことだ

B ア しかたなしに
　　イ むりやりに
　　ウ やっとのことで
　　エ あわてて

問3 会話文ア〜コのうち一休の言葉をすべて選び、記号で答えなさい。

問4 ===== ①「この訴状お書きくだされよ」について、「百姓ども」が、通りかかった一休に依頼したのはなぜですか。簡潔に説明しなさい。

21

問5 ——②「しかじかのこと」とありますが、それはだれがどうしたことによって起こったものですか。簡潔に説明しなさい。

問6 本文中の和歌「世の中は月にむら雲花に風近衛殿には左近なりけり」とはどういうことですか。次の文章の　Ⅰ　〜　Ⅲ　に当てはまる言葉を答えなさい。（ただし、　Ⅱ　、　Ⅲ　には人物が入ります。）

村雲や風によって、月や花の美しさが　Ⅰ　ように、　Ⅱ（人物）　のふるまいによって、　Ⅲ（人物）　の評判が　Ⅰ　ということ。

問7 ━━━③「『その放者ならでは、かかることいはん人は、今の世に覚えず』」の意味として最も適切なものを次の中から選び、記号で選びなさい。

ア 一休和尚が、あのようにふざけた和歌を詠むのは、世間では有名な話だということ。

イ 農民に冷淡で、面白味もない左近のような人物は、今まで聞いたことがないということ。

ウ 今の世でこんなことを言う人は、あのおどけ者の一休和尚以外にはいないだろうということ。

エ あの愚か者の左近に対してきっぱりとものが言えるのは、現世では私しかいないということ。

オ 私が未熟者だったので不覚にも左近にこのような身勝手な行いをされてしまったということ。

問8 左の挿絵の丸で囲われている人物は誰ですか。━━━ a～dの中から選び、記号で答えなさい。

23

日向学院高等学校入学試験問題

令和5年度

数　学

(50分　100点)

受験上の注意
1. 「始め」の合図があるまで、このページ以外のところを見てはいけません。
2. 問題は $\boxed{1}$ ～ $\boxed{5}$ まであります。
3. 答えは必ず解答用紙に記入しなさい。解答用紙はこの冊子の間にはさんであります。
4. 「始め」の合図があったら、まず解答用紙に受験番号、氏名を記入しなさい。
5. 問題用紙の不足や、印刷不鮮明の箇所があればだまって手を挙げなさい。
6. 「やめ」の合図があったら、すぐ鉛筆をおき、解答用紙は裏返しにして机の上に置きなさい。

1   次の各問いに答えなさい。

(1) $-5^2 + 2^3$ を計算しなさい。

(2) $36\,a^3b^5 \div 9ab^3$ を計算しなさい。

(3) $\sqrt{3} \times \left(\dfrac{8}{\sqrt{6}} - \sqrt{24} \right)$ を計算しなさい。

(4) 連立方程式 $\begin{cases} x - 2y = 14 \\ \dfrac{1}{6}x + y = -3 \end{cases}$ を解きなさい。

(5) 2次方程式 $x^2 + 6x - 20 = 0$ を解きなさい。

（計算欄）

2 次の各問いに答えなさい。

(1) $A = 5x + 6$，$B = 2x + 3$ であるとき，$A^2 - 4AB + 4B^2$ を計算しなさい。

(2) ある浴そうは毎分 15 L で水を入れ続けると，14 分 24 秒後には浴そういっぱいの量になります。この浴そうに毎分 18 L で水を入れ続けたとき，何秒後に浴そういっぱいの量になるか求めなさい。

(3) 1 円と 10 円の硬貨が 1 枚ずつ，5 円の硬貨が 2 枚あります。この 4 枚の硬貨を同時に 1 回投げるとき，次の各問いに答えなさい。
   ただし，どの硬貨も表裏の出方は同様に確からしいものとします。
   ① 表が出た硬貨の合計金額が奇数となる確率を求めなさい。
   ② 表が出た硬貨の合計金額が 15 円以上となる確率を求めなさい。

(4) 銅を 60 ％含む合金と，銅を 20 ％含む合金があります。この 2 種類の合金を溶かして混ぜ，銅を 45 ％含む合金を 200 g 作ります。銅を 60 ％含む合金と銅を 20 ％含む合金を，それぞれ何 g ずつ溶かして混ぜればよいか求めなさい。

(5)　下の表はあるクラスの 10 人の生徒 ① ～ ⑩ の数学のテストの点数です。
　　この 10 人の点数の中央値を求めなさい。

生徒	①	②	③	④	⑤	⑥	⑦	⑧	⑨	⑩
点数 (点)	62	78	55	34	61	94	80	37	42	64

(6)　右の図のように点 O を中心とする円があり，
　　その円周上に点 A，B を ∠AOB=126° となる
　　ようにとります。また，点 C を OA∥BC，
　　OA：BC＝1：2 となるようにとります。この
　　とき，∠ACB の大きさを求めなさい。

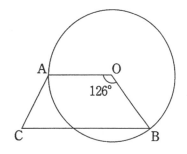

(7)　右の図の四角形 ABCD はひし形です。
　　辺 AB，AD の中点をそれぞれ P，Q と
　　します。△APQ の面積が 25 cm² のとき，
　　次の各問いに答えなさい。
　　①　四角形 ABCD の面積を求めなさい。
　　②　△CPQ の面積を求めなさい。

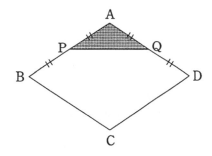

$\boxed{3}$　下のグラフのように，放物線 $y = ax^2$ と直線 $y = \dfrac{1}{2}x + 6$ が異なる 2 点 A，B で交わっ

ています。この直線と y 軸との交点を C，点 A の x 座標を 6，点 B の x 座標を -4 とす

るとき，次の各問いに答えなさい。

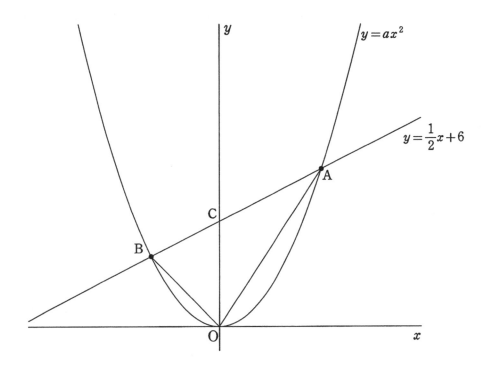

(1)　a の値を求めなさい。

(2)　△OAC の面積と △OBC の面積の比を最も簡単な整数比で表しなさい。

(3)　y 軸上に y 座標が正の数である点 D を △OAB の面積と △OBD の面積が
等しくなるようにとります。このとき，点 D の y 座標を求めなさい。

(4)　線分 OA 上に点 E を △AEC の面積が △OAB の面積の $\dfrac{1}{2}$ 倍となるようにとり

ます。このとき，直線 CE の式を求めなさい。

（計算欄）

4 　底面が半径 9 cm の円，母線の長さが 15 cm，体積が 324π cm³ の円錐があります。この円錐を底面の円の中心と頂点を通る平面で切って，下の図のような 2 つの立体 A，B を作りました。立体 A の底面は中心角が 60° のおうぎ形，立体 B の底面は中心角が 300° のおうぎ形です。このとき，次の各問いに答えなさい。ただし，円周率は π とします。

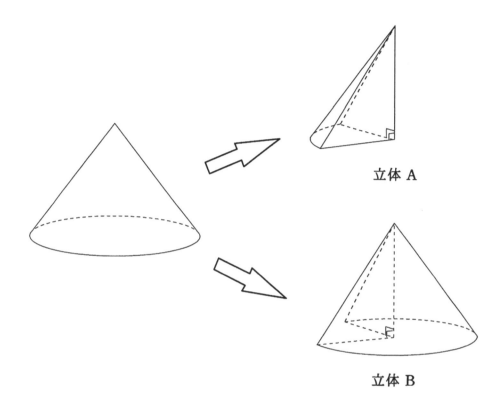

立体 A

立体 B

(1) もとの円錐の高さを求めなさい。

(2) 立体 A と立体 B の体積の比を最も簡単な整数比で表しなさい。

(3) 立体 B の表面積を求めなさい。

（計算欄）

5 　花さんと優さんは次のような問題で宿題で出されました。

右の図のような長方形の辺上を，点 P は毎秒 1 cm の速さで頂点 A から A → B → C の順で点 C まで，点 Q は毎秒 2 cm の速さで頂点 B から B → C → D → A → B の順で頂点 B まで動きます。スタートからの時間を x 秒，△APQ の面積を S cm^2 とするき，次の各問いに答えなさい。

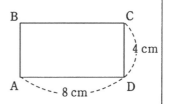

(1)　点 Q が辺 BC 上にあるときの面積 S を x の式で表しなさい。また，$S = 9$ cm^2 となる x の値を求めなさい。

(2)　点 Q が辺 CD 上にあるときの面積 S を x の式で表しなさい。また，$S = 15$ cm^2 となる x の値を求めなさい。

次の文章はその問題について話している花さんと優さんの会話です。会話を読んで，
(ア) ～ (ク) の中に入る数や数式を答えなさい。ただし，同じカタカナが入っている □ には同じ数や数式が入るものとします。

花「難しそうな問題だね。」

優「とりあえず三角形の面積を求めるわけだから，底辺と高さが分かればいいはずだよ。」

花「まずは (1) の図をかいて考えてみようか。」

優「図をかいてみると分かりやすいね。線分 AP を底辺と考えると，高さは線分 BQ の長さになるね。」

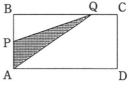

花さんがかいた (1) の図

花「線分 AP の長さも線分 BQ の長さも x で表すことができるから，$S = \boxed{(ア)}$ （cm^2）となるね。」

優「そして，$S = 9$ cm^2 となる x の値は，$x = \boxed{(イ)}$ だね。」

花「この x が問題にあっているかどうか調べないといけないよ。」

優「そうだった。点 Q が辺 BC 上にあるから，x は 0 秒から $\boxed{(ウ)}$ 秒の間だね。だから $x = \boxed{(イ)}$ は問題にあっているよ。」

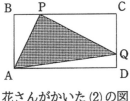

花さんがかいた(2)の図

花「次は(2)だね。これも図で考えてみよう。」

優「なんか三角形の全部の辺がななめになっているけど，求められるかな。」

花「こういうときは長方形 ABCD の面積からまわりの三角形の面積を引いた方がよさそうだね。まずはそれぞれの線分の長さを確認していこう。」

優「えっと…AB＝4 cm，AD＝8 cm，BP＝x cm…」

花「ちょっと待ってよ。x はスタートからの時間だから，点 P が点 B にある時点ですでに （ウ） 秒経ってるよ。」

優「そうか。じゃあ，BP，PC の長さは x を用いた数式になるわけだね。」

花「線分 CQ，QD も同じ注意をして長さを求めよう。」

優「その長さをもとに周りの三角形の面積を x を用いて表すと，

△ABP＝ （エ） （cm²），△PCQ＝ （オ） （cm²）となったよ。」

花「後は △ADQ の面積も忘れずに求めよう。」

優「今求めた 3 つの三角形の面積の合計を長方形 ABCD の面積から引いて，S を x を用いて表すと，S＝ （カ） （cm²）になるね。」

花「そして，S＝15 cm² となる x の値は x＝ （キ） だね。あとはこれが問題にあっているかどうか調べよう。」

優「えっと…点 Q が辺 CD 上にあるから x は （ウ） 秒から （ク） 秒の間かな。」

花「ということは x＝ （キ） は問題にあっているよ。これで間違いなさそうだね。」

優「ありがとう。おかげで宿題はかんぺきだよ。」

****

日向学院高等学校入学試験問題

****

令和5年度

英　語

(50分　100点)

1 放送を聞いて、次のリスニング問題 A〜C の各問いに答えなさい。

（試験開始１５分後に放送を始めます。）

リスニング問題 A ※音声と放送原稿非公表

これから放送される Tom と Jane の対話を聞いて、それぞれの内容についての質問の答えとして最も適切なものを、下のア〜エの中から１つずつ選び、記号で答えなさい。英文と質問は２回ずつ読まれます。

（1）

ア　　　　　イ　　　　　ウ　　　　　エ

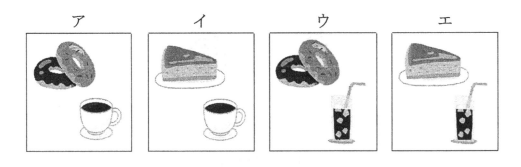

（2）

ア　　　　　イ　　　　　ウ　　　　　エ

（3）

ア　　　　　イ　　　　　ウ　　　　　エ

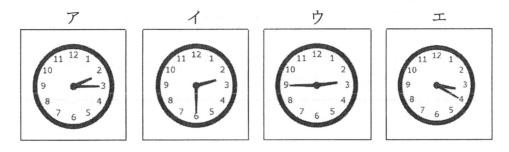

　次の対話を聞いて、Andy の先週１週間の出来事を表したものとして最も適切なものを、下のア〜キの中から１つずつ選び、表を完成させなさい。ただし、同じ記号を２回以上用いても構いません。英文は２回読まれます。

【Andy の先週の出来事】

曜日	月	火	水	木	金	土	日
出来事	①	×	②	③	④	⑤	⑥

ア　ピアノのコンテスト

イ　理科のテスト

ウ　お父さんの車の洗車

エ　買い物

オ　理科のテスト勉強

カ　ピアノのレッスン

キ　水泳のレッスン

留学生の Eric のスピーチを聞いて、そのあとに続く（１）〜（３）の質問の答えとして最も適切なものを、下のア〜エの中から１つずつ選び、記号で答えなさい。英文と質問は２回ずつ読まれます。

（１）

    ア　10 years.

    イ　16 years.

    ウ　6 years.

    エ　4 years.

（２）

    ア　A student started running with the ball in his hands in a soccer game.

    イ　A student started kicking the ball in a soccer game.

    ウ　A student practiced soccer hard to win the game.

    エ　The French made a new rule of soccer.

（３）

    ア　Japan.

    イ　France.

    ウ　England.

    エ　America.

（このページは空白です。）

2 次の( )内の語（句）を、会話文が成り立つように正しく並べかえて、英文を完成させなさい。解答用紙には、( )内の並べ替えた語句のみ記入すること。文頭に来る語も小文字にしてあります。

（1）

A: You look sad. What happened?

B: (my mother / lost / have / bought / I / the bag) for me last year.

A: Oh... That's too bad.

（2）

A: This shirt is very nice! I'll take it.

B: Wait! This shirt (is / one / twice / as / as / expensive / that).

（3）

A: Look! It's a very beautiful flower.

B: (called / the flower / in / is / what) English?

A: It's called a "lily".

（4）

A: Hi, Satoshi. I heard that you like watching movies.

  I want to see an interesting movie. Do you have any *recommendations?

B: (are / kind / interested / movies / in / what / you / of)?

(注) recommendation: おすすめ

（5）

A: My grandmother is going to come to Miyazaki for the first time
  in three years.

B: That's so nice!

A: (seeing / to / am / I / forward / her / looking).

3 次の英文が成り立つように、(　　　　)に入る適切な英単語を答えなさい。ただし、(　　　　)内に与えられた文字で始めること。

（1）My (b　　　　) is April 10. I'll be seventeen years old.

（2）We can see many animals such as elephants and lions in the (z　　　　).

（3）About 14 *million people live in Tokyo. The (p　　　　) of Tokyo is the

largest in Japan.　　　　　　　　　　　　（注）million: 百万

（4）These books were (w　　　　) by Natsume Soseki.

（5）Takeshi is my (c　　　　). He is my aunt's son.

4 次の対話文の空欄に入れるのに適当な英文を 5 語以上 10 語以内で書きなさい。なお、語数には符号 (, . ! ? " ") を含めないものとします。

A: How did you spend your summer vacation?

B: I went to *Sao Paulo and watched a soccer game.

A: Which country is it in?

B: It is in Brazil. Have you ever been there?

A: No, I haven't. ＿＿＿＿＿＿＿＿＿＿＿?

B: They speak *Portuguese.

（注）Sao Paulo:サンパウロ（地名）　　Portuguese:ポルトガル語

6

5 次の Miyazaki Gyoza Festival の広告を見て、後の問いに答えなさい。

Miyazaki Gyoza Festival

Everybody likes GYOZA! 30 gyoza shops will *set up booths.

We can enjoy a variety of gyoza! Why don't you come and eat?

Date : Friday, December 9 – Sunday, December 11
Time : 10:00-18:00
Place : Gakuin Stadium

*Entrance *Fee

Adult (15 to 64 years old) : ¥500
Child (6 to 14 years old) : ¥200
Older person(65 years old and over) : ¥300
*Infant(5 years old and under) : *Free

Event
Making Gyoza Experience
11:00-12:00　　　14:00-15:00
★You need to enter Cooking Space A
10 minutes before the start time.
★Please bring your apron.

★ If you come on Saturday, your entrance fee will be 20% off.
★ If you access this 2D code, you can get a *coupon.
　 You can get one free drink when you show the coupon
　 to the *staff.
★ The last entrance is 30 minutes before closing.

~2D code~

Call us for more information. ➡ Phone number : 0123-45-××××

2023(R5) 日向学院高

K 教英出版

7

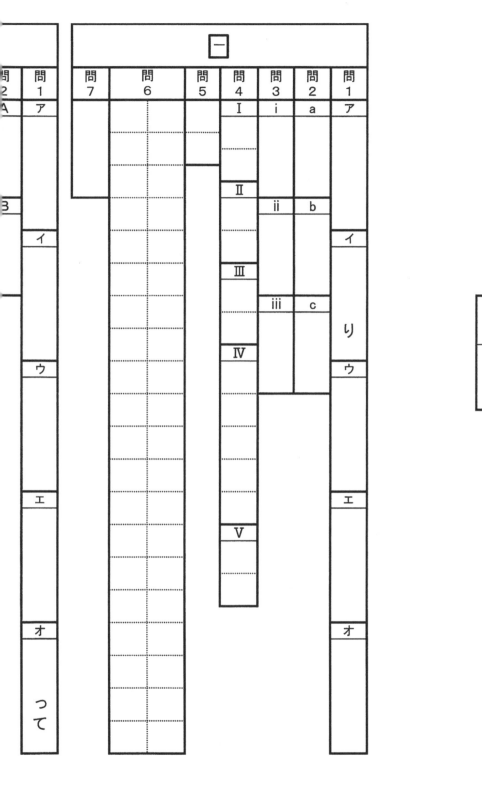

令和五年度

国語　解答用紙

受験番号

氏名

※100点満点
（配点非公表）

一

問7　問6　問5　問4　問3　問2　問1

問4: Ⅰ　Ⅱ　Ⅲ　Ⅳ　Ⅴ
問3: i　ii　iii
問2: a　b　c
問1: ア　イ　り　ウ　エ　オ

問2　問1
問2: A　B
問1: ア　イ　ウ　エ　オ　って

3

(1)	$a =$	(2)	:
(3)		(4)	$y =$

4

(1)	cm	(2)	:	(3)	cm²

5

(ア)		(イ)	
(ウ)		(エ)	
(オ)		(カ)	
(キ)		(ク)	

5	(1)	¥	(2)		(3)		

6	A		B		C		D	

7	(1)	
	(2)	
	(3)	
	(4)	It ( ).
	(5)	
	(6)	
	(7)	
	(8)	

英語 解答用紙

受験番号		氏名	

【リスニング問題】

1	A	(1)		(2)		(3)	

| | B | ① | | ② | | ③ | | ④ | | ⑤ | | ⑥ | |

| | C | (1) | | (2) | | (3) | |

【筆記問題】

2	(1)	（ ） for me last year.
	(2)	This shirt （ ）.
	(3)	（ ） English?
	(4)	（ ）?
	(5)	（ ）.

3	(1)		(2)		(3)		(4)		(5)	

令和5年度

数学解答用紙

受験番号		氏名	

1

(1)		(2)		(3)	
(4)	$x=$　　　　　,　　　$y=$			(5)	$x=$

2

(1)		(2)	秒後
(3)	①	②	
(4)	60％含む合金	g	20％含む合金　　　　　g
(5)	点	(6)	度
(7)	① cm²	②	m²

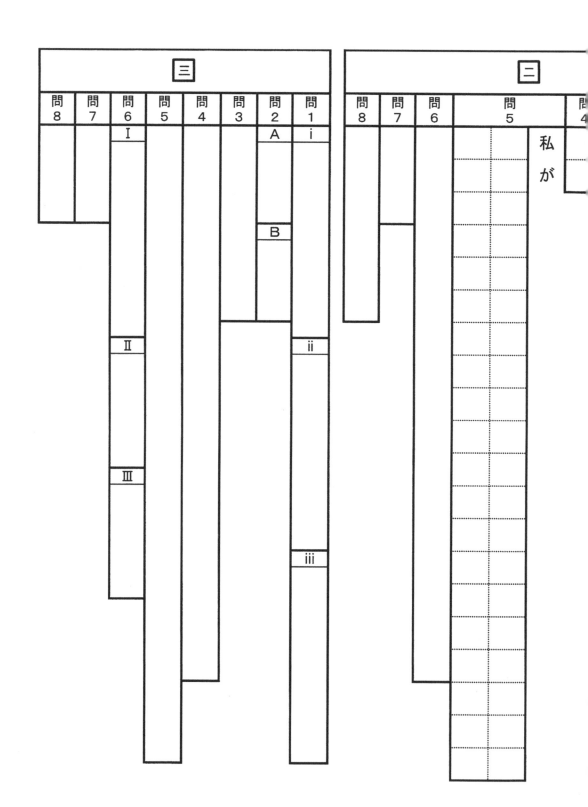

(注)

set up booths:屋台を設置する　　　entrance:入場　　　fee:料金

infant:幼児　　　free:無料　　　coupon:クーポン券　　　staff:従業員

（1）次の質問に数字で答えなさい。

My family would like to join the festival on December 10. I am 15 years old. I have a sister and she is 13 years old. My parents are 42 and 44 years old. My grandparents are 64 and 67 years old. How much do we need to pay for the entrance fee?

（2）次の英語の質問の答えとして最も適切なものを、下のア〜エの中から1つ選び、記号で答えなさい。

If you want to join the "Making Gyoza Experience", what time should you come to Cooking Space A?

ア　11:50　　イ　14:10　　ウ　10:50　　エ　15:10

（3）広告の内容として正しいものを、下のア〜オの中から2つ選び、記号で答えなさい。

ア　Thirteen gyoza stores will join the event.

イ　You must prepare your apron if you join the "Making Gyoza Experience."

ウ　When you get the coupon from the 2D code, you can get free drinks for all day.

エ　If you arrive at the stadium at 17:45, you can eat gyoza there.

オ　When you want to know something, you should call the number on this paper.

6 次の英文を読み、A〜D のグラフがどの国を示しているか、右のア〜エの中から 1 つずつ選び、記号で答えなさい。

Because of the spread of the *Covid 19 infection, a lot of schools have *introduced *online lessons. The graph shows Japanese, American, Chinese and Korean high school students' *evaluations for online lessons. It shows that more than 50 percent of the Chinese and Japanese students answered they could *concentrate on learning. However, the percentage of the American and Korean students who gave the same answer to the question is less than 50 percent. More than 56 percent of the students of each country answered they could understand the classes, and especially the percentage of Chinese students who answered in that way is the highest of the four countries. About 40 percent of students from China and Korea thought that asking questions to their teachers in online lessons was easier than in face-to-face classes. On the other hand, the percentage of Japanese students who thought so is less than 20 percent.

*In addition, the percentage of the American students who did something *else without listening to the class is the highest of the four countries.

(注)

Covid 19 infection:新型コロナウィルス感染症　　　introduce:〜を導入する

online:オンラインの　　　　　　　　　　　　　evaluation:評価

concentrate:集中する　　　　　　　　　　　　in addition:さらに

else:そのほかに

(https://www.niye.go.jp/kanri/upload/editor/161/File/01.kekka.pdf

「国立青少年教育振興機構 」[令和 4 年 6 月]より作成)

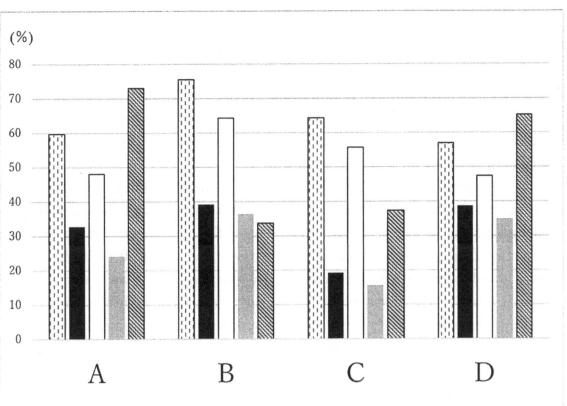

□授業内容が理解できた

■対面の授業より先生に質問しやすかった

□集中して学習できた

▓対面の授業より友達と議論や話をしやすかった

▨授業を聞かず、別のことをしたことが多かった

~選択肢~

ア　アメリカ

イ　日本

ウ　中国

エ　韓国

7 次の英文を読んで、後の問いに答えなさい。

Have you ever visited *Ottawa, Canada? There is a statue of a man. He is also on the Canadian one-dollar coin. His name is Terry Fox. He is a hero in Canada. Today, I would like to talk about Terry Fox.

He was born in *Winnipeg in 1958. He was a good athlete, so he received an "Athlete of the Year" *award from his school. He had ①a dream of becoming a P.E. teacher. However, a *tragedy happened.

One day in March 1977, he suddenly felt a *sharp *pain in his right leg when he was running home. The family *immediately took him to the hospital. He had *bone cancer in his right leg. Nobody could stop the cancer at that time. So there was only ②one way to save his life. The doctors had to cut off his right leg. He *was forced to live with an *artificial leg. He practiced how to walk, and was able to walk again in only three weeks. But at the young age of eighteen, he lost a leg and was *heartbroken. However, when he suddenly looked around, children who were younger than him were fighting cancer in the hospital. When he saw them, he thought "I have to do something to *cure their cancer." But cancer research needs a lot of money. "Only money can stop the pain" he thought. He remembered a story of a man with one leg who ran in New York *Marathon. "I can run a marathon too." Terry told his plan to his friend Doug Alward and his girlfriend Rika. He was going to run across Canada to collect money. Collecting one dollar *per person in Canada to make 23 *million dollars was his goal. He called this run ③"Marathon of Hope." Doug and Rika agreed with his opinion, but Terry's mother was not very happy. She said, "You can't run from *the Atlantic to *the Pacific Ocean on one good leg. ④It (for / is / do / it / hard / you / to)". But he *wouldn't listen.

On April 12, 1980, Terry's marathon started at *St. John's, *Newfoundland. It was a long road. It is 8,530 km from St. John's to *Port Renfrew. He ran between 30 and 50km each day. Doug drove a car and *followed Terry. They slept in the car at night.

In his marathon, there were ⑤some problems. At that time, artificial legs were not good to run with, so he was always in pain when he was running. In *Quebec, many local people used French but Terry couldn't understand French, so he couldn't communicate well with them and the road was bad to run on for Terry.

His running *was featured in newspapers and *television broadcasts, and he became famous. When Terry arrived in *Ontario at the end of June, 10,000 people were waiting for him. He could collect $100,000 in only one day. He met the Canadian *Prime Minister, Pierre Trudeau in Ottawa, and Terry's name was called in every town. But he didn't like it. "I'm famous, but that's not *the reason why I'm running. Think about the children who are sick and *suffering. Think about the 'Marathon of Hope'."

However, the "Marathon of Hope" suddenly ended. He couldn't run well after *Toronto. Then, on September 1st, 143 days after he started, he had a pain in his *chest when he arrived at *Thunder Bay. He stopped running, flew home, and went to the hospital. The cancer spread from his leg to his *lungs. His *distance was 5,373 kilometers but he could run *no more.

*Although he didn't *achieve his goal of crossing Canada, a big TV station showed a program about Terry. Ten days later, $10 million was collected from Canada and the United States, and he was able to collect a goal of $23 million that year. Doctors could do nothing to help him. Terry ⑥passed away on June 28, 1981 at the age of 22. After his death, 【　　　　　⑦　　　　　】 As a result, more than $500 million was collected. Before his death, he said "If I can't achieve my goal, others have to *continue without me." His *spirit lives on in many people.

(注)
Ottawa:オタワ(地名)　　Winnipeg:ウィニペグ(地名)　　award:賞
tragedy:悲劇　　　　　sharp:鋭い　　pain:痛み　　immediately:すぐに
bone:骨　　　　　　　be forced to:〜することを強いられる
artificial leg:義足　　heartbroken:悲嘆に暮れる　　cure:〜を治す
marathon:マラソン　　per:〜につき　　　　　　　million:百万
the Atlantic Ocean:大西洋　　　　　　　　the Pacific Ocean:太平洋
wouldn't: will not (どうしても〜しようとしない)の過去形
St. John's:セント・ジョンズ(地名)　Newfoundland:ニューファンドランド島(地名)
Port Renfrew:ポート・レンフルー(地名)　　follow:〜について行く
Quebec:ケベック(地名)　　　　　　　　be featured:特集される
television broadcast:テレビ放送　　　　Ontario:オンタリオ(地名)
Prime Minister:首相　　　　　　　　　the reason why:〜する理由
suffer:苦しむ　　　　　　　　　　　　Toronto:トロント(地名)
chest:胸　　　　　　　　　　　　　　Thunder Bay:サンダーベイ(地名)
lung:肺　　　　　　　　　　　　　　distance:距離
no more:二度と〜しない　　　　　　　although:〜だけれども
achieve:〜を達成する　　　　　　　　continue :〜を続ける
spirit:精神

12

（1）下線部① a dream について、その内容を具体的に日本語で答えなさい。

（2）下線部② one way について、それはどうすることか、具体的に日本語で答えなさい。

（3）下線部③ "Marathon of Hope" について、彼がそれを行おうとしたきっかけとなった病院での出来事はなにか、具体的に日本語で答えなさい。

（4）下線部④の(　　　　　)内の語を本文の流れに合うように適切に並べかえなさい。

（5）下線部⑤ some problems について、Quebec で Terry が経験した問題について適切なものを下のア〜オの中から２つ選び、記号で答えなさい。

　　ア　People didn't give him any money.
　　イ　His artificial leg suddenly broke.
　　ウ　To communicate with the local people was difficult for him.
　　エ　Many people called his name.
　　オ　The road condition was not good.

（6）下線部⑥の passed away と同じ意味の表現として最も適切なものを下のア
　　～エの中から1つ選び、記号で答えなさい。

　　ア　started to run again
　　イ　died
　　ウ　got well
　　エ　gave all his money to the Canadian people

（7）本文をもとに、Terry が走った道のりとして最も適切なものを下のア～エの
　　中から1つ選び、記号で答えなさい。

　　ア　St. John's → Quebec → Ontario → Ottawa → Toronto → Thunder Bay
　　イ　St. John's → Ontario → Ottawa → Toronto → Thunder Bay → Winnipeg
　　ウ　Winnipeg → St. John's → Ontario → Thunder Bay → Toronto → Ottawa
　　エ　Winnipeg → Quebec → Ontario → Ottawa → Toronto → Thunder Bay

（8）【　⑦　】に入るものとして最も適切なものを下のア～エの中から1つ選び、
　　記号で答えなさい。

　　ア　thanks to researchers, the number of patients fighting cancer is decreasing
　　　　every year.
　　イ　marathons to collect money for cancer research are held every year around
　　　　the world.
　　ウ　there are few children suffering from cancer in the world.
　　エ　the number of people who run a marathon for their health is increasing all
　　　　over the world.

****

日向学院高等学校入学試験問題

****

令和5年度

理　　科

(50分　100点)

1　マツのつくりと遺伝について，次のⅠ，Ⅱに答えなさい。

【Ⅰ】下の図1と2は，マツから採取したりん片，図3はマツの一部の模式図です。

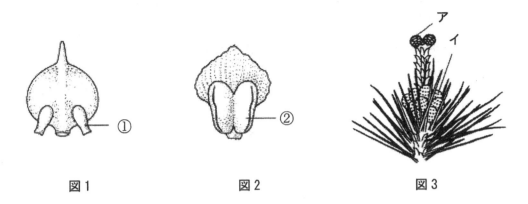

図1　　　　　　　　　図2　　　　　　　　　図3

（1）　図の ①，② の名称をそれぞれ答えなさい。

（2）　図1，2のりん片は，図3のマツのどの部分から採取されましたか。それぞれ1つずつ
　　　選び，記号で答えなさい。

（3）　マツは，図3のように雌花と雄花が別々の位置に時期をずらしてできる雌雄異花の植物
　　　です。また，雌花が高い位置にできることがわかっています。次のア〜エのうち，マツ
　　　の受粉について正しく説明しているものはどれですか。1つ選び，記号で答えなさい。

　　　　ア　　マツの雄花で花粉をつけた昆虫が，飛ぶために高い所へ移動することで
　　　　　　雌花に受粉する。
　　　　イ　　高い所にとまる習性をもつ昆虫が雌花にとまるとき，他のマツの雄花で
　　　　　　つけた花粉と受粉する。
　　　　ウ　　他のマツの雄花から風で飛んできた花粉が雌花に受粉する。
　　　　エ　　マツの葉が受け皿のような役割となり，雄花の花粉が受け皿の部分で風
　　　　　　によって舞い上がり自分の雌花に受粉する。

-1-

下の**図4**は，まつかさのりん片の模式図で，**図5**は，まつかさ全体のスケッチです。

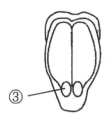

図4   図5

（4）　**図4**の③は何ですか。<u>漢字**2**文字</u>で答えなさい。

（5）　**図5**では，まつかさには果実がないことがわかります。このような果実を作らない植物を何といいますか。

下の**図 6** は，森のエビフライともいわれる図で，リスなどの小動物がまつかさを食べた後に残る芯の部分です。

図6

（6）　マツにとって，リスなどの小動物にまつかさを食べられてしまうことによって得られる利点は何だと考えられますか。簡単に説明しなさい。

Ⅱ　マツノザイセンチュウという長さ 1mm 程度の生物は，元気なマツに寄生しマツを枯らして
しまうことがあります。

　　しかし，時間が経つにつれてマツの一部にマツノザイセンチュウへの抵抗性をもつものが
現れてきました。

　　この抵抗性は，マツの遺伝子の一部が突然変異したことよって生じたと考えられており，
ある遺伝子（仮に遺伝子 a とします）が変化して，抵抗性をもつ遺伝子 A に変化したものと
推定されています。

　　いま，遺伝子が aa の野生のマツ（このマツを W 型とします）の遺伝子の一部に突然変異が
起き，※相同染色体の一方が A に変化したマツ（遺伝子は Aa，このマツを M 型とします）が
生じたとします。

　　ただし，マツノザイセンチュウに寄生されてもマツは枯れないものとし，寄生されている
かどうかや抵抗性の差によって受粉や子孫を残す能力に差はないものとします。

※ **相同染色体**：父親（おしべ）由来，母親（めしべ）由来の形や大きさが同じ 2 本の染色体
　　のペアのこと。

（1）　M 型のマツの花粉がつくる生殖細胞の A と a の比を答えなさい。

（2）　M 型のマツの花粉が W 型のマツに受粉したとき，生じる次世代（子世代）の遺伝子の
　　　組み合わせはどうなりますか。AA：Aa：aa をもっとも簡単な整数比で答えなさい。

（3）　（2）で生じた子世代のマツそれぞれについて，雄花の花粉が自身の雌花に受粉したと
　　　すると，次世代（孫世代）のマツの遺伝子の組み合わせはどうなりますか。AA：Aa：aa
　　　をもっとも簡単な整数比で答えなさい。

2023(R5) 日向学院高
K 教英出版

（4） M 型のマツの花粉が自身の雌花に受粉したとします。仮に A がマツノザイセンチュウへの抵抗性の顕性形質（優性形質）だったとき，次の世代がマツノザイセンチュウへの抵抗性をもつ割合を百分率（%）で答えなさい。

2 次の文章を読み，以下の問い①〜⑪に答えなさい。ことばや現象名は，それぞれの指示に
従って書きなさい。

蒸留水は電流を通さないが，食塩を溶かすと電流を通すようになる。しかし，固体の食塩は
電流を通さない。

砂糖は食塩と似た白い結晶で水によく溶けるが，砂糖そのものは電流を通さず，水に溶かし
ても電流は通さない。塩化水素は通常の室温では気体だが水に良く溶け，その水溶液は電流を
通す。

このように水溶液は，その溶質の性質により電流を通すものと通さないものに分けることが
できる。

ⅰ塩化銅 10 g を 100 g の水に溶かし 5A で 10 分間電流を流した。ⅱ10 分間電流を流したあと，
溶けている溶質は 1.6 g になっていた。

固体の砂糖や食塩は電流を流さないことから，固体の砂糖や食塩は電気的に中性と考えられ
る。砂糖は水溶液になっても電流を通さないので，「粒子は変化していない」と考えて良いが，
食塩は水溶液になり電流を通すようになるということは，食塩を構成している「原子自体が電
気を通すようになっている」と考えることができる。

① 砂糖のように電流を通さない溶質は何といいますか。**漢字 4 文字**で答えなさい。

② 塩化水素など多くの気体の粒子の状態は何といいますか。**漢字 2 文字**で答えなさい。

③ 塩化水素が水に溶け，電流を通すようになる変化を何といいますか。**漢字 2 文字**で答え
なさい。

④ 食塩が水に溶け，電流を通すようになる変化のようすを化学式で書きなさい。

2023(R5) 日向学院高
K 教英出版

⑤ 塩化銅を水に溶かしたとき溶液の色は何色になりますか。

⑥ 電流を流して物質を化学変化させることを何といいますか。**漢字 4 文字**で答えなさい。

⑦ 塩化銅水溶液に電流を流して化学変化させたときの変化を化学式で書きなさい。

文章中の下線部ⅰについて⑧の問いに答えなさい。

⑧ この溶液の濃度は何%ですか。**小数第 2 位を四捨五入し，小数第 1 位**まで答えなさい。

文章中の下線部ⅱについて，⑨〜⑪の問いに答えなさい。

⑨ 溶けている塩化銅は 1 分間で何 g ずつ増えましたか，または減りましたか。答えは，
g 数とあわせて解答欄の 増えた・減った のどちらかを〇で囲みなさい。

⑩ 陰極と陽極で極板に付着するか発生する物質の重さの比が 64：71 であるとしたとき，
陰極での変化は，極板に ❶ が ❷ g付着するまたは ❶ が ❷ g発生する。
❶ ， ❷ を答えなさい。ただし， ❷ の答えは**小数第 2 位**まで答えなさい。

⑪ 電流を 15 分間流したときの陰極の変化はどのようになりますか。簡単に説明しなさい。

3 気象と水の循環について，次のⅠ，Ⅱに答えなさい

Ⅰ ある日の気象について，気象庁のホームページで調べたことを次の表にまとめました。

時刻／気象	6 時	9 時	12 時	15 時	18 時	21 時
気温〔℃〕	15	18	20	24	20	16
湿度〔%〕	78	62	40	42	51	68
気圧〔hPa〕	1008	1006	1005	1006	1006	1005
風力	2	1	3	3	4	2
風向	南南西	南南西	南	南西	南	北西

（1） 温度計で気温を測定する際の条件として正しいものを次の**ア〜オ**から**2つ選び**，記号で
答えなさい。

　　　　ア　温度計の球部に直射日光を当てて測定する。
　　　　イ　風通しのよいところで測定する。
　　　　ウ　日の当たらないしめった日陰で測定する。
　　　　エ　地面から約 1.5 m の高さで測定する。
　　　　オ　地面から約 15 cm の高さで測定する。

（2） この日の天気は何だったと考えられますか。次の**ア〜ウ**から最も適当なものを1つ選び，
記号で答えなさい。

　　　　ア　晴れ　　　**イ**　くもり　　　**ウ**　雨

（3） この日の 15 時の風力と風向を，解答欄に天気図の記号で表しなさい。ただし，天気に
ついては答える必要はありません。

- 7 -

（4） 天気図で確認すると，この日は寒冷前線が西から東に通過していたことが分かりました。寒冷前線が通過した時刻は何時から何時の間だと考えられますか。次の**ア**〜**エ**から1つ選び，記号で答えなさい。

　　　ア　9時から12時の間
　　　イ　12時から15時の間
　　　ウ　15時から18時の間
　　　エ　18時から21時の間

Ⅱ 地球上の水の循環について，次の文章や図をもとに以下の問いに答えなさい。

　地球上の水は　❶　のエネルギーにより状態を変え，海と陸地，そして大気の間を循環している。地上や海面から蒸発した水の気体（これを　❷　という）は，大気中で雲となり，雨や雪などの降水となって地上や海面に戻る。また，降水の一部は河川や　❸　になり海へと戻っていく。

（1）　文章中の空欄　❶　～　❸　に当てはまる語句をそれぞれ答えなさい。

（2）　次の図は，地球上の水が海と陸地と大気の間を循環する様子を表しており，図中の数字は地球全体の降水量を100としたときの水の量を示している。①～③に当てはまる数値として最も適当なものの組み合わせを，次のア～エから1つ選び，記号で答えなさい。

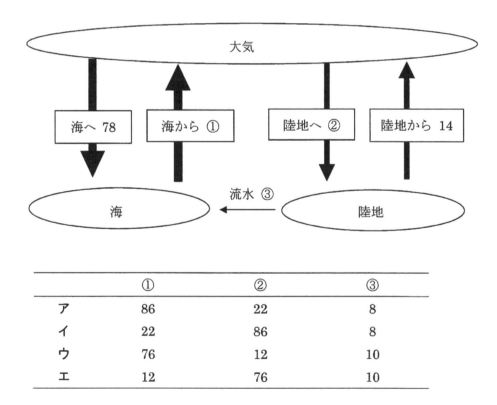

	①	②	③
ア	86	22	8
イ	22	86	8
ウ	76	12	10
エ	12	76	10

4 光が，境界面でどのように進路を変えるか，その法則を調べるために以下のような実験を
おこないました。次の各問いに答えなさい。

【実験1】小型光学用水そうを使って，角Aを大きくしながら，角Aとそのときの角Bの角度
をはかった。

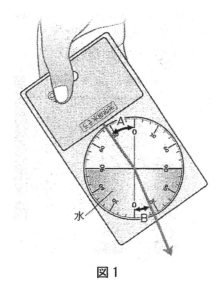

図1

【結果】

角 A	10.0°	20.0°	30.0°	40.0°	50.0°	60.0°
角 B	7.5°	14.9°	22.1°	28.9°	35.2°	40.6°

（1） 結果を分析した次の文章の空欄を埋めなさい。ただし，❶，❷は語句で，❸，
❹は下の選択肢ア〜エから選び記号で，❺は例を参考にして「〔具体的な
方法〕〜（をして），〔結果〕〜から確かめる。」という形の文章で答えなさい。
（例：AおよびBと同じ値の重さのおもりをてんびんにのせて，つり合わないことから
確かめる。）

・角Aの名称は ❶ といい，角Bの名称は ❷ という。
・角Aと角Bの大きさを比較したとき，角 ❸ の方が大きい。また，角Aを増加させる
と角Bは ❹ しているが，比例関係ではないことがわかる。
・比例関係でないことを確かめるには，❺ などの方法が考えられる。

選択肢
　　　ア　A　　イ　B　　ウ　増加　　エ　減少

- 10 -

【実験2】小型光学用水そうを使って，角Cを大きくしながら，角Cとそのときの角Dの角度をはかった。

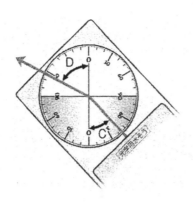

図2

【結果】

角C	7.5°	14.9°	22.1°	28.9°	35.2°	40.6°
角D	10.0°	20.0°	30.0°	40.0°	50.0°	60.0°

（2）角Cを大きくしていくと，ある角度を超えたところで光は空気中に出ていかなくなる。このような現象を何といいますか。

- 11 -

次の文章は，【実験 1】，【実験 2】を行った後の先生と生徒の会話です。これを読んで以下の問いに答えなさい。

生徒：【実験 1】と【実験 2】では光の進行方向が逆になっただけで，角度は同じ関係になっていることがわかりました。

先生：そうですね。空気中から見ても，水の中から見ても同じ法則が使えるということですね。授業では，川底が浅く見える理由も説明しましたが，覚えていますか？

生徒：覚えています。図 3 のような説明で，実際よりも浅く見えるので川遊びなどの時は注意しなさいと言われました。

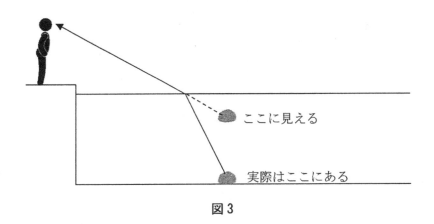

図 3

先生：浅いと思って入ったら意外に深くておぼれたりしますからね。注意してください。
ところで，人は空気中から水中を見ていますが，魚は逆に水中から空気中を見ていることになります。
テッポウウオは水中から空気中の虫をねらって水を吹き出し，水に当たった虫が水面に落ちてきたところをとらえます。
しかし光は空気と水の境界面で折れ曲がるため，₁獲物が見えている位置をねらっても獲物に当たらないことになります。本能で計算しているわけで，すごい能力ですね。

生徒：角度は比例関係ではありませんでした。人間でも計算で求めるのは大変そうなのに，魚に負けた気がします。中学生でも分かるような法則はないのですか。

先生：では少しだけヒントをあげましょう。

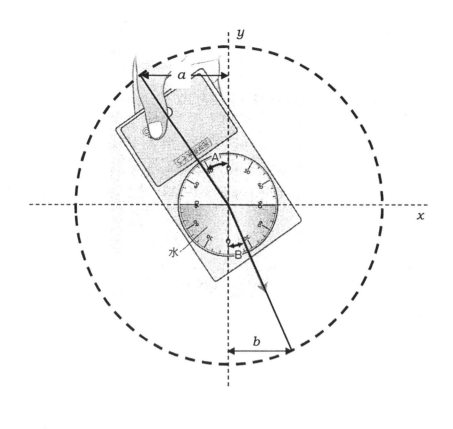

図4

　図4のような半径 1m の円を考えたとき，角A側の光線と円が交わる点と y 軸との距離を a ，角B側の光線と円が交わる点と y 軸との距離を b とすると，【実験1】の結果の表は次のように欄を追加することができます。ⅱa を b で割った値を見ると，法則性が見えてくると思いますよ。

　この法則を「屈折の法則」といいます。

角A	10.0°	20.0°	30.0°	40.0°	50.0°	60.0°
角B	7.5°	14.9°	22.1°	28.9°	35.2°	40.6°
a(cm)	17.4	34.2	50.0	64.3	76.6	86.6
b(cm)	13.1	25.7	37.6	48.3	57.6	65.1

生徒：なるほど，割と簡単な法則ですけど，どんな人が発見したのですか。

先生：別名を「スネルの法則」と言うので，オランダの学者のスネル先生かな。a を b で割った値は屈折率と呼ばれるもので，宝石の鑑定などでも使われる重要なものです。

2023(R5) 日向学院高
K教英出版

（3） 下線部 i について，テッポウウオが獲物を狙うとき，水中から見えている位置よりも「上」
　　　または「下」のどちらに向かって水を吹き出せば獲物に当たることになりますか。

（4） テッポウウオが獲物を狙うとき，見えている位置からある距離だけずらした位置に向け
　　　水を吹き出すことになります。このことについて書かれた次の文章のうち，正しいもの
　　　を次のア〜カからすべて選び，記号で答えなさい。

　　　　ア　水中の角 B に関係なく，ねらいを上下にずらす距離はいつも同じである。
　　　　イ　水中の角 B を一定にすれば，ねらいを上下にずらす距離はいつも同じである。
　　　　ウ　水中の角 B を 0° にすれば，ねらいを上下にずらす距離はいつも同じである。
　　　　エ　水中の角 B に関係なく，ねらいを定める角 A はいつも同じである。
　　　　オ　水中の角 B を一定にすれば，ねらいを定める角 A はいつも同じである。
　　　　カ　水中の角 B を 0° にすれば，ねらいを定める角 A はいつも同じである。

（5） 下線部 ii について，角 A が 30° と 60° のときの「a を b で割った値」はそれぞれいくらに
　　　なりますか。ただし，答えは小数第 3 位を四捨五入し小数第 2 位まで答えなさい。

※※※※※※※※※※※※※※※※※※※※※※※※※※※※※※※※※

日向学院高等学校入学試験問題

※※※※※※※※※※※※※※※※※※※※※※※※※※※※※※※※※

令和5年度

社　会

（50分　100点）

受験上の注意
1. 「始め」の合図があるまで、このページ以外のところを見ては
   いけません。
2. 問題は □1 ～ □3 まであります。
3. 答えは必ず解答用紙に記入しなさい。解答用紙はこの冊子の
   間にはさんであります。
4. 「始め」の合図があったら、まず解答用紙に受験番号、氏名を
   記入しなさい。
5. 問題用紙の不足や、印刷不鮮明の箇所があればだまって手を
   挙げなさい。
6. 「やめ」の合図があったら、すぐ鉛筆をおき、解答用紙は裏返
   しにして机の上に置きなさい。

1 　宮崎県内のある中学校では、班ごとに日本の都道府県について調査活動を行いました。このことに関するあとの問いに答えなさい。

問1　エミさんたちの班は、沖縄県を調査しました。沖縄県の自然環境と観光業に興味を持ったエミさんたちは、沖縄県の特徴ある観光について調べようとしました。それについて話し合った会話文中の　　　　　にあてはまる語句を答えなさい。

エミ　「沖縄県は１年を通して気温が高いから、水がきれいで暖かい海でないと成長しないさんご礁が重要な観光資源になっているんだよね」

アイ　「ただ、観光開発のためにホテルやゴルフ場などの建設が進み、粒子の細かい赤土が海に流れ込み水がにごることで日光がさえぎられ、サンゴ虫が死んでしまっているというニュースを見たことがあるわ」

エミ　「さんご礁への被害を防ぐために、市町村や漁業関係者、NPOなどが、さんごの移植、さんご礁の清掃など、さまざまな活動を行っているんだ」

アイ　「さんご礁を守るためには、さんご礁をめぐる生態系の価値を正しく学ぶことも大切になってくるね」

エミ　「沖縄では、さんご礁やマングローブなどの環境保全を考えて、自然環境と両立できる観光をめざす　　　　　の取り組みも広がっているんだよ」

アイ　「沖縄に一度行ってみたいな」

問2 　観光業が発達している沖縄県では第3次産業の割合が高いことを知ったエミさんた
　　ちは、全国での第3次産業の規模の変化について調べて、次の資料1を作成しました。
　　資料1中のA〜Cは、医療・福祉業、運輸業・郵便業、金融業・保険業のいずれかです。
　　A〜Cと業種の組合せとして最も適当なものを、下のア〜カから1つ選びなさい。

資料1

(単位：人)

		2015年	2020年
A	総数	7,940,616	8,818,261
	男	1,933,966	2,173,340
	女	6,006,650	6,644,921
B	総数	3,509,763	3,680,454
	男	2,830,594	2,868,222
	女	679,169	812,232
C	総数	1,676,789	1,616,884
	男	756,127	702,508
	女	920,662	914,376

総務省統計局資料により作成

	ア	イ	ウ	エ	オ	カ
医療・福祉業	A	A	B	B	C	C
運輸業・郵便業	B	C	A	C	A	B
金融業・保険業	C	B	C	A	B	A

— 2 —

問3　最後にエミさんたちは、沖縄県の自然環境を調べていく中で、資料2を見つけました。資料2をもとにエミさんたちがまとめたレポートの [＿＿＿＿＿＿] に入る適切な内容を書きなさい。

資料2

　　　資料2を見ると、沖縄県の人たちの住居に対する工夫が分かります。沖縄県は台風銀座とよばれるほど台風がよく近づくので、伝統的な家屋は台風の被害を防ぐために [＿＿＿＿＿＿] といった対策が行われています。

問4　カズヤさんたちの班は、大阪府について調査しました。調査をする中でカズヤさんたちは、1995年に起きた阪神・淡路大震災で多くの建物が倒壊したり、鉄道や道路がこわれたりするなど、大きな被害を受けたことを知りました。その中で、埋め立て地では、地盤が軟弱化して建物や道路が沈んだり、地中の下水管が地表に浮き上がってきたりする現象が起きました。このような現象を何というか答えなさい。

問5　次にカズヤさんたちは、大阪府を中心とする阪神工業地帯について調査しました。
　　　カズヤさんたちは、他の工業地帯・地域との違いをまとめるために、製造品出荷額等
　　の構成の内訳をまとめた資料3を作成しました。資料3中のD～Fは、瀬戸内工業地域、
　　中京工業地帯、阪神工業地帯のいずれかです。D～Fと工業地帯・地域名との正しい組
　　合せを、下のア～カから1つ選びなさい。

資料3

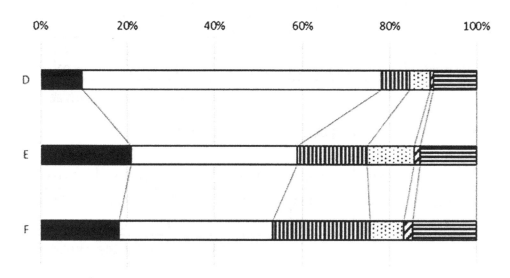

■金属　□機械　▥化学　▦食料品　▨繊維　▤その他

統計年次は2019年。
『日本国勢図会2022/23』により作成

	ア	イ	ウ	エ	オ	カ
瀬戸内工業地域	D	D	E	E	F	F
中京工業地帯	E	F	D	F	D	E
阪神工業地帯	F	E	F	D	E	D

問6　最後にカズヤさんたちは、日本で2番目の大都市である大阪市に興味を持ち、大阪府と東京都を比較することにしました。2つの都府を比較していく中で、資料4～6を見つけ、下のようにまとめました。資料4～6をもとに□□□□□□□に入る適切な内容を書きなさい。

資料4　都府別の人口増減

	2010年～15年	2015年～20年	
	人口増減（千人）	人口増減（千人）	人口増減率（%）
東京都	356	532	3.94
大阪府	-26	-2	-0.02

『日本国勢図会2022/23』により作成

資料5　都府別の企業数の推移

	1996年	2001年	2006年	2011年	2016年	2021年
東京都	6,397	7,134	7,430	8,272	8,482	7,988
大阪府	3,150	2,963	2,850	3,126	3,042	2,913

経済産業省企業活動基本調査より作成

資料6　都府別年間商品販売額の推移

（単位：億円）

	1999年	2004年	2009年	2014年	2019年
東京都	2,031,190	1,767,042	1,822,113	1,678,595	1,383,480
大阪府	766,023	630,637	616,602	473,031	429,482

『日本国勢図会2022/23』、経済産業省企業活動基本調査により作成

　　大阪市には、高層ビルが立ち並び、オフィス街や商業地区が広がっている。しかし、近年、大阪の経済的な地位は低下してきている。これは、□□□□□□□が進んだためである。そこで、大規模な商業施設や、企業や大学などが協力して研究開発を行う施設などをつくったり、オフィス街ににぎわいを生み出して、都心の活性化をはかったりする取り組みが進められている。

問7 ヒロアキさんたちの班は、東京都について調査しました。調査をする中で、東京都がある関東地方には、日本で最も広い関東平野があることを知りました。さらに調査をすすめると、関東平野の内陸部には赤土におおわれた台地が広がっていることが分かりました。この赤土を何というか答えなさい。

問8 次にヒロアキさんたちは、日本で最も航空機発着数が多い羽田空港について調査しました。羽田空港と国内の各都市との間で多くの航空便が就航していることを知ったヒロアキさんたちは、羽田空港と国内の主な都市とを結ぶ始発便の出発時刻とそれぞれの都市への到着時刻をまとめた資料7を作成しました。資料7中のG〜Iは、大阪（伊丹）、沖縄（那覇）、福岡のいずれかです。G〜Iと都市名との組合せとして最も適当なものを、下のア〜カから1つ選びなさい。

資料7

行先	出発時刻	到着時刻
札幌（新千歳）	6:15	7:45
G	6:15	9:05
H	6:20	8:20
I	6:20	7:30
宮崎	6:50	8:40
名古屋	8:15	9:20

羽田空港HPより作成

	ア	イ	ウ	エ	オ	カ
G	大阪	大阪	沖縄	沖縄	福岡	福岡
H	沖縄	福岡	大阪	福岡	大阪	沖縄
I	福岡	沖縄	福岡	大阪	沖縄	大阪

— 6 —

問9　最後にヒロアキさんたちは、東京の交通について調査するなかで、郊外から都心への通勤・通学にともない、鉄道や道路がはげしく混雑するなどの都市問題が発生していることを知りました。そして、東京の地下鉄の駅には資料8のような出入口が設置されているのを見つけ、下のようにまとめました。資料8をもとに□□□□□□□に入る適切な内容を書きなさい。

資料8

　　東京の海抜ゼロメートル地帯では、資料8のように出入口を歩道より高い位置に設置している。これは、□□□□□□□のためである。このように災害に強いまちづくりをすすめたりする再開発が各地で行われている。

問10　ケンジさんたちの班は、北海道について調査しました。北海道の農業を詳しく調査していく中で、人々がねばり強い努力を重ねてきびしい自然環境を克服し、多くの農産物が全国の1位の生産量を占めるようになったことを知りました。しかし、価格の安い外国産の農産物との競争がはげしく、日本が太平洋周辺の国々のあいだで関税を原則としてなくし、経済・貿易の自由化をめざす協定に参加することにより、大きな影響を受けることが予想されています。この2015年に日本が大筋で合意した協定を何というか答えなさい。

問11 ケンジさんたちは、北海道と全国の農業に関連する資料を集めました。資料9・10から読み取れる内容として最も適当なものを、下のア～エから1つ選びなさい。

資料9 地域別の農業産出額の割合

（単位：%）

	耕種			畜産		
	米	野菜	その他	乳用牛	肉用牛	その他
北海道	9.5	16.9	15.7	39.3	7.6	11
東北	31.8	18.3	19.3	4.8	6.5	19.3
北陸	60.4	13.4	9.4	2.5	1.6	12.7
関東	15.3	35.8	21	7.3	3.7	16.9
東海	13.3	30	26.1	6.4	5.3	18.9
近畿	26	24.2	29.3	5.2	5.8	9.5
中国	21.9	20.6	18.2	8.9	7.6	22.8
四国	12.4	36.6	28.7	3.8	3.7	14.8
九州	9.2	24.9	19.1	4.6	16.3	25.9

統計年次は2020年
『日本国勢図会2022/23』により作成

資料10 地域別の農業産出額

（単位：億円）

北海道	12,667	東北	14,426	北陸	4,142
関東	19,845	東海	6,916	近畿	4,549
中国	4,577	四国	4,103	九州	17,422

統計年次は2020年
『日本国勢図会2022/23』により作成

ア 北海道での農業産出額は耕種全体の方が畜産全体よりも多くなっている。
イ 米の農業産出額が最も多いのは北陸地方である。
ウ 米の農業産出額は北海道の方が九州地方よりも多くなっている。
エ 野菜の農業産出額が最も多いのは関東地方である。

— 8 —

問12　最後にケンジさんたちは、寒さのきびしい北海道の生活を調査するなかで、人々の
　　生活にさまざまな工夫がみられることを知りました。生活の工夫を調査するなかで見
　　つけた資料11・12をもとにケンジさんたちがまとめたレポートの[　　　　]に入る適
　　切な内容を書きなさい。

資料11　　　　　　　　　　　　　　　　資料12

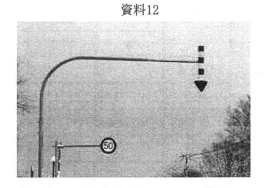

　　　北海道の道路には、寒さに対する工夫がなされており、特に積雪に対す
　　る対策が多く見られる。資料11を見ると信号機は縦向きになっている。こ
　　れは横型に比べて縦型の方が雪が積もりにくく、雪の重みで信号機が倒壊
　　しないようにしているためである。資料12を見ると、道路に矢印が設置さ
　　れていることがわかる。これは[　　　　　]ためである。

2 日本は四方を海で囲まれ、船が重要な交通手段でした。船に関する文章A
～Fを読み、あとの問いに答えなさい。

A

写真1は西都原古墳群か
ら出土した①古墳時代中期
の埴輪です。船の形をした
埴輪が出土すると、その意
味として、実際に船に乗り、
海や川を行き来していた人
が埋葬されたと考えられま
す。また、死者の魂を来世
に運ぶものとして船形の埴
輪がつくられたという考え
もあります。

写真1

問1　下線部①に関しての記述として最も適当なものを、次のア～エから１つ選びなさい。
　　ア　朝鮮半島南部では、高句麗が力をのばし、楽浪郡を滅ぼした。
　　イ　ヤマト王権の支配者は、中国では倭王とよばれたが、国内では天皇とよんだ。
　　ウ　朝鮮半島との交流が盛んになり、大量の鉄が延べ板のような形でもたらされた。
　　エ　渡来人は様々な技術を伝えたが、ヤマト王権の政治にたずさわることはなかっ
　　　　た。

問2　下線部①の時期に朝鮮半島から伝えられた、下の写真のような高温で焼いた質のか
　　たい土器を何というか答えなさい。

B

写真2は、遣唐使船です。奈良時代には、遣唐使が6度も派遣され、唐の文化や制度をもたらしました。奈良では②聖武天皇の時代を中心に③天平文化が栄えました。

写真2

問3　下線部②に関する記述として**適当でないもの**を、次のア～エから1つ選びなさい。
　　ア　国ごとに国分寺・国分尼寺を建て、東大寺の大仏をつくった。
　　イ　たくさんの寺院を建て、大仏づくりに協力する行基を重んじた。
　　ウ　天皇の由来を説明するため『古事記』の編さんを命じた。
　　エ　何度も遭難し、失明しながらも来日して僧の制度を整えた鑑真に会った。

問4　下線部③に関して天平文化の建造物を次のア～エから1つ選びなさい。

ア

イ

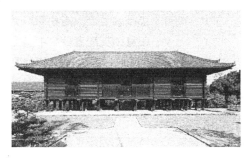

ウ

エ

問5　9世紀になると、国風文化がうまれました。国風文化の特徴を、天平文化との違いを明らかにして、下の語句を必ず用いて解答欄に従って説明しなさい。

国際色豊か　　遣唐使

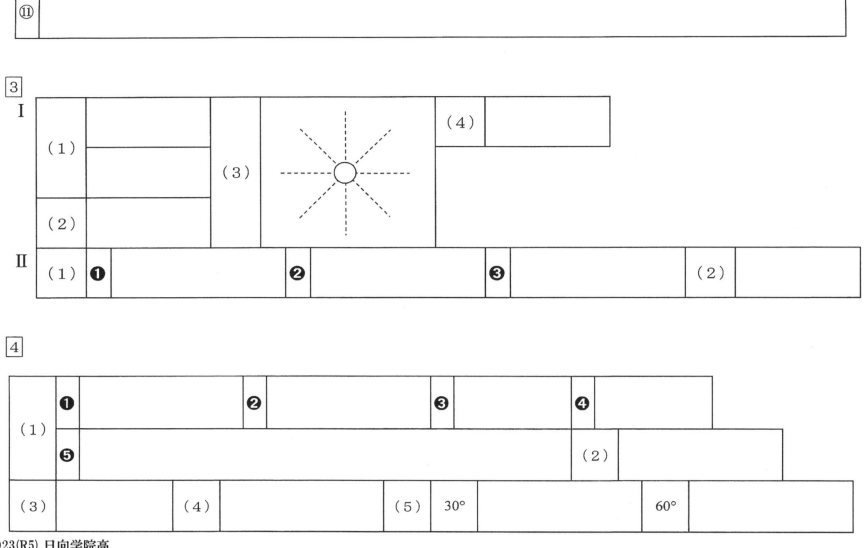

K 教英出版

問7	
問8	
問9	

問10		問11		問12	

問13		問14	

問15	

問16		問17	

3

問1		問2		問3		問4		問5			問6	

問7	

問8		

問9	①
	②

問10		問11	

令和5年度

社会解答用紙

※100点満点
（配点非公表）

受験番号		氏名	

1

問1		問2	

問3	

問4		問5		

問6	

問7		問8		

問9	

問10		問11		

問12	

2

問1		問2		問3		問4	

問5

天平文化は

それに対し国風文化は

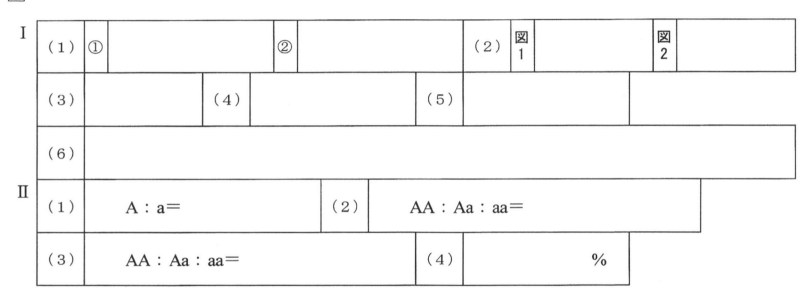

令和5年度
理科解答用紙

※100点満点
（配点非公表）

受験番号		氏 名	

1

I

（1）	①		②		（2）	図1		図2	

（3）		（4）		（5）		

（6）	

II

（1）	A：a＝		（2）	AA：Aa：aa＝	

（3）	AA：Aa：aa＝	（4）	％

2

①		②		③		④	

⑤	色	⑥		⑦	

【解答用

C

写真3は神奈川県鎌倉市にある④建長寺です。⑤鎌倉幕府は、この寺を修復する資金を得るため、建長寺船という貿易船を⑥元に派遣しました。実際の貿易活動は、船の準備を含めて商人が担当しました。

写真3

問6　下線部④に関して建長寺は臨済宗という禅宗の1つの寺です。宋にわたって禅宗を日本に伝えた僧を2名答えなさい。

問7　下線部⑤に関して六波羅探題の役割を2点説明しなさい。

問8　鎌倉時代において農業生産が増加した理由を2点、下のイラストと絵を参考にして説明しなさい。

「松崎天神縁起絵巻」

問9　下線部⑥の元は、2度にわたって九州北部に攻めよせてきました。これにより、幕府を支える御家人の制度が大きくゆらいだ理由を、御恩と奉公の関係に注目して説明しなさい。

— 12 —

D

写真4は遣明船をモデルにしたと言われています。明は皇帝に従うとして朝貢してきた国とは貿易を認めました。日本では、九州北部の島々や瀬戸内の武士や商人などが、時には⑦海賊となって朝鮮や中国大陸をおそいました。

写真4

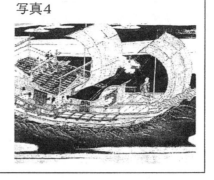

問10　下線部⑦の海賊を何というか、**漢字2字**で答えなさい。

問11　明は海賊を取りしまるため、民間の貿易を禁止しました。これに対し、室町幕府が、幕府の財源にあてるために始めた貿易を何と言いますか。下の写真を参考に答えなさい。

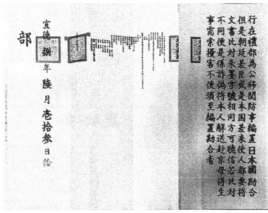

問12　14世紀に成立した朝鮮についての記述として適当なものを、次のア〜オから**すべて**選びなさい。
　　ア　李成桂が高麗を倒し、国号を朝鮮と改めた。
　　イ　朝鮮では独自の文字がつくられた。
　　ウ　世界で初めて金属活字が使用された。
　　エ　日本は経典などを朝鮮から輸入した。
　　オ　日本から綿の栽培が朝鮮に伝わった。

E

写真5は朱印船です。⑧徳川家康は大名や大商人に海外渡航を許可する朱印状を与え、貿易を幕府の統制下におきました。また、家康は、ポルトガル人・スペイン人、さらに後から来たオランダ人・⑨イギリス人との貿易も許可しました。

写真5

問13　下線部⑧の徳川家康が開いた江戸幕府の組織の中で、譜代大名が就いた職を次のア〜エから1つ選びなさい。

　　　ア　遠国奉行　　　　イ　寺社奉行　　　　ウ　町奉行　　　　エ　勘定奉行

問14　下線部⑨のイギリスは、1623年に平戸商館を閉鎖し、日本貿易から退きましたが、中国（清）に対しては1840年に艦隊を派遣して攻撃し、1842年に5つの港を開港させる条約を結びました。この条約名を答えなさい。

問15　江戸時代は、自給自足に近かった農村でも貨幣で物が売り買いされるようになり、生活が大きく変化しました。下の写真Ⅰ（問屋制家内工業）とⅡ（工場制手工業）を比較して、Ⅱの生産方式の特徴を説明しなさい。

Ⅰ

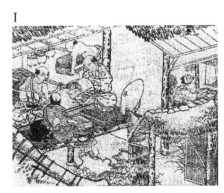

「河内名所図会」

Ⅱ

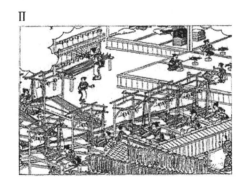

「尾張名所図会」

F

　　写真6はアメリカに向かう⑩岩倉使節団の様子を
描いたものです。沖に停泊しているのがアメリカ号
という蒸気船です。帰国後、⑪使節団の人たちは
様々な分野で日本の近代化に貢献しました。

写真6

問16　下線部⑩の岩倉使節団が欧米に向かった目的として最も適当なものを、次のア～エ
　　　から1つ選びなさい。
　　　ア　日本の文化を欧米に広めるため。
　　　イ　不平等条約改正の予備交渉を行うため。
　　　ウ　国際会議に出席するため。
　　　エ　欧米諸国と軍事同盟を結ぶため。

問17　下線部⑪の人たちの名前と業績の組み合わせとして**誤っているもの**を、次のア～エ
　　　から1つ選びなさい。
　　　ア　山口尚芳　－　民撰議院設立建白書
　　　イ　伊藤博文　－　初代内閣総理大臣
　　　ウ　津田梅子　－　女子英学塾創設
　　　エ　大久保利通－　殖産興業政策推進

3 3つのテーマでディベートが行われました。その様子を読んで、あとの問い
に答えなさい。

A 18歳成人について

> 1班の発表
>
> 　私たちは18歳成人について賛成します。すでに①選挙権は18歳以上になっていますし、
> 多くの国が成人年齢を18歳にしています。経験が少ないために不安な点もありますが、
> 一人ひとりが大人としての自覚を持って行動すれば問題ないと思います。
>
>
> 2班の発表
>
> 　私たちは18歳成人について反対です。成人になれば、今まで②少年法で守られていた
> 刑事罰についても大人として適用されるし、③契約についても判断が難しい場面が多い
> と思います。高校を卒業し、社会や大学で経験を積んでから④大人として認められても
> 遅くはないと思います。

問1　下線部①に関して、次の資料1は日本の国政選挙における有権者の割合の推移をあ
　　らわしたものです。図中のP〜Rは有権者の資格要件の種類を示し、ⅰ〜ⅶ にはP〜R
　　で設定された資格要件を示す語句が入ります。また図下の年は、有権者の資格要件が
　　制定または改正された年を示しています。図中のP〜Rに入るものの組合せとして最も
　　適当なものを、下のア〜カから1つ選びなさい。

資料1

P		ⅰ				ⅱ	
Q		ⅲ			ⅳ		
R		ⅴ				ⅵ	ⅶ
全人口に対する有権者の割合(%)	1.1 (1890年)	2.2 (1902年)	5.5 (1920年)	20.0 (1928年)	48.7 (1946年)	83.6 (2016年)	

1889年　1900年　1919年　1925年　1945年　2015年

　　ア　P－直接国税　　Q－性別　　　　R－年齢

　　イ　P－直接国税　　Q－年齢　　　　R－性別

　　ウ　P－性別　　　　Q－直接国税　　R－年齢

　　エ　P－性別　　　　Q－年齢　　　　R－直接国税

　　オ　P－年齢　　　　Q－直接国税　　R－性別

　　カ　P－年齢　　　　Q－性別　　　　R－直接国税

問2　下線部②に関して、次の資料2は少年の殺人・障害致死事件の推移について、資料3は少年事件の再犯率についてのもので、これについてア～エの生徒が意見を発表しました。このグラフを**正確に読み取っていないもの**を、下のア～エから1つ選びなさい。

資料2　少年の殺人・傷害致死事件の推移

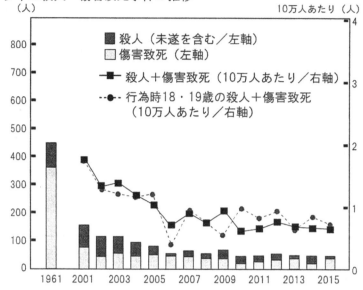

日弁連『少年法の適用年齢引下げを語る前に～なぜ私たちは引下げに反対するのか～』より

資料3　少年犯罪の再犯率

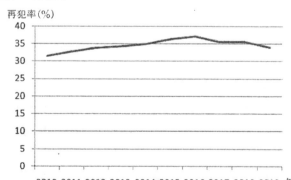

「犯罪白書」より作成

ア　ニュースでは、少年の凶悪犯罪が増加しているとよく報道されているけど、グラフを見ると1961年に比べて大幅に減少しているし、全体的にみても減少しているようにみえるよ。

イ　2004年以降は、殺人と傷害致死事件の件数は100件を下回っているよ。

ウ　殺人と傷害致死事件を起こしているのは、18・19歳よりも18歳未満の少年が圧倒的に多いね。

エ　資料3をみると再犯率はずっと30％を超えているので、再犯を防ぐような取り組みが必要なんじゃないかな。

問3　下線部③に関して、当事者間の意思表示の合致があれば契約は成立するが、意思表示の合致があった場合でも、契約自体が成立せず無効となる場合や、契約は成立するが契約当事者の申し出により取り消しを行うことで、さかのぼってその契約が効力を失う場合もあります。そこで要件Xは無効となる例で、要件Yは取り消しのできる例です。具体例①～④のうち、それぞれの要件に適合するものの組合せとして最も適当なものを、下のア～クのうちから1つ選びなさい。

要件X
　契約の意思表示が申込者本人の内心の意思と異なるもので真意ではなく、かつ、相手方がその意思表示が申込者の真意ではないということを知っていた上でその申込を承諾した場合、その申込者の意思表示は無効となり、その契約ははじめから効力をもたない。

要件Y
　契約の一方の当事者が申込を行い、他方の当事者が承諾する際に、その承諾の意思表示が詐欺や強迫によるものであった場合、契約は成立しているが、承諾の意思表示の取り消しを主張することができ、それが認められた場合、さかのぼってその契約は効力を失う。

①　事業者Aは、注文をしていないBに対して一方的に商品を送りつけ、その代金を請求した。その場合、契約は有効に成立しているが、Bが契約の取り消しを申し出てそれが認められれば、Bに代金の支払い義務は生じない。

②　高価な絵画を所有しているCは、内心では1000円で売るつもりはないのに、Dに対して1000円で売ってもよいと言ってしまった。DはそれがCの本当の気持ちではないということに気付いていたが、その申込を承諾した。この場合、Cの申込の意思表示は無効であり、Cにその絵画の引き渡し義務は生じない。

③　未成年者Eが、親に隠れて事業者Fからある商品を分割払いで購入する契約を結んだ。このような場合、Eの親は、Fに対して、その契約の取り消しを求めることができる。取り消しが認められれば、さかのぼってその契約は効力を失う。

④　美術商Gが、「高名な陶芸家の作品なので、将来間違いなく高価な値をつけるから今のうちに購入した方がよい」とHをだまして、無名の陶芸家の作品をHに売りつけようとした。Hはこれを信じ購入を決めた。この場合、Hはその意思表示の取り消しを求めることができる。

ア　X－①　　Y－③　　　　イ　X－①　　Y－④　　　ウ　X－②　　Y－③

エ　X－②　　Y－④　　　　オ　X－③　　Y－①　　　カ　X－③　　Y－④

キ　X－④　　Y－①　　　　ク　X－④　　Y－②

問4　下線部④に関して、次の資料4は、希望するライフコースの推移について示したものです。この図から読み取れる記述として**適当でないもの**を、下のア～エから1つ選びなさい。

資料4

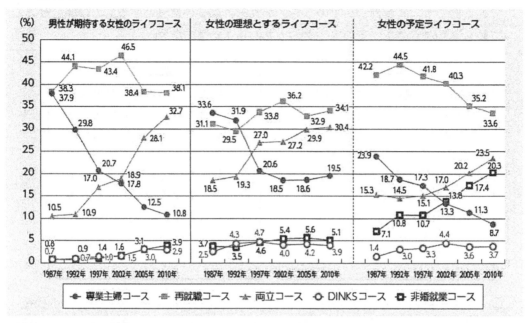

（注）なお、この白書では、それぞれのコースについて、次のように説明されている。
・専業主婦コース＝結婚し子どもを持ち、結婚あるいは出産の機会に退職し、その後は仕事を持たない
・再就職コース＝結婚し子どもを持つが、結婚あるいは出産の機会にいったん退職し、子育て後に再び仕事を持つ
・両立コース＝結婚し子どもを持つが、仕事も一生続ける
・DINKS（Double Income No Kids）コース＝結婚するが子どもは持たず、仕事を一生続ける
・非婚就業コース＝結婚せず、仕事を一生続ける
「厚生労働白書」（2013年版）により作成

　ア　近年、男性が女性に望む人生のタイプとして、仕事と家庭を両立させる両立コースが上昇しているが、それとともに再就職コースへの期待も他のコースよりも高く、女性も働いてほしいという男性の意識が高い傾向にある。
　イ　結婚して子どもを持たずに一生働き続けるDINKSコースを女性が選ぶことを期待する男性と、このコースを理想とする女性の割合を比べると、このコースを理想とする女性の割合がこのコースを望む男性の割合よりも一貫して高い。
　ウ　女性が理想とする人生のタイプのなかでは、専業主婦コースは下降し続けているが、仕事と家庭を両立させる両立コースは上昇し続けており、2010年では両立コースと再就職コースとを合わせて60％以上の女性が働くことを望んでいる。
　エ　女性が実際になりそうな人生のタイプのなかでは、1997年以降、結婚しないで一生続けるコースと仕事と家庭を両立させるコースがともに上昇傾向にある一方で、専業主婦コースは下降し続けている。

B 憲法9条の改正について

ア 日本は戦後75年以上、戦争を起こしていません。今まで、朝鮮戦争を含めた冷戦、湾岸戦争等、世界では数多くの戦争が起こっていましたが、日本は一切参加することなく、戦争による被害者はでていません。それは憲法9条によって、国家権力を抑えてきたからだと思います。

イ 日米安全保障条約があるとはいえ、本当にアメリカが守ってくれるという保障はありません。日本は9条で戦争をしないと宣言しているけど、ロシアがウクライナに侵攻したように、他国が日本に対して宣戦布告することもあります。そんな時、誰が日本を守るのですか。敵基地攻撃能力を含めた自衛隊を中心としたある程度の対抗措置をとれる制度を作っておくべきだと思います。

ウ 9条には「戦力不保持」とありますが、自衛隊には戦闘機、戦車、ライフル等、一般的に戦力と考えられるものを持っています。また、国連では自衛のための戦力は容認されています。地震や水害等の災害を含め日本の安全を守るために日々訓練している自衛隊の存在は、認められるべき存在だと考えます。

エ 毎年、8月15日の終戦記念日に靖国神社に参拝している国会議員を近隣諸国が非難します。戦争によって被害を受けた国にとっては、日本の軍事力が再び増強されるのは、大いなる脅威になっているのではないでしょうか。

問5 上記文のア～エは、ディベートで出された賛成派と反対派の意見です。ア～エのうち「憲法9条改正」について賛成派の意見を**2つ**選びなさい。

問6 憲法9条に記されている内容として**適当でないもの**を、次のア～エから1つ選びなさい。

 ア 戦力不保持   イ 非核三原則
 ウ 戦争の放棄   エ 交戦権の否認

問7 次の資料5は、防衛費上位10か国と防衛費対GDP比です。この資料について【防衛費】と【対GDP比】という語句を使用して説明しなさい。

資料5 防衛費（軍事費）上位10か国と各国の防衛費対GDP比（2017年）

	国	防衛費（億ドル）	GDP比（％）
1	アメリカ	6100	3.1
2	中国	2280	1.9
3	サウジアラビア	694	10.0
4	ロシア	663	4.3
5	インド	639	2.5
6	フランス	578	2.3
7	イギリス	472	1.8
8	日本	454	0.9
9	ドイツ	443	1.2
10	韓国	392	2.6

中国とサウジアラビアは推計
ストックホルム国際平和研究所まとめ

C　原子力発電所の再稼働について

5班の発表

　私たちは原子力発電所の再稼働について反対します。2011年の東日本大震災で福島第一原発が大事故を起こし、周辺住民が避難する事態が起こっています。かつては、⑤チョルノービリ（チェルノブイリ）での事故もありました。また、放射性廃棄物の処理の問題も残っています。⑥エネルギーバランスを考えていけば、原子力発電所の再稼働は必要ないと思います。

6班の発表

　私たちは原子力発電所の再稼働について賛成します。原子力発電のメリットとして、

　　　　　　　　　　　　　　　　　　　　　　　　　　　　　　　　があります。

　現在日本は深刻な⑦インフレに直面しています。電力が不足し、もし停電にでもなったら、病気の人たちは適切な医療が受けられず、命にかかわる問題となります。また、電気代が上がれば、企業にとってはさらなるコストが増加し、ますます製品の値上げが加速してしまいます。電力の安定供給のためにも、今は非常事態なので、原子力発電所を再稼働すべきです。

問8　下線部⑤に関して、チョルノービリ（チェルノブイリ）原子力発電所は、現在では何という国にあるか答えなさい。

問9　下線部⑥に関して、資料6は、日本の発電量構成の変化について表したグラフです。①と②で見られる発電量構成の変化は、何が原因でどうなったかを、例にならってそれぞれ説明しなさい。　（例：○○が原因で△△が減り、□□が増えた。）

　　資料6　日本の発電量構成の変化

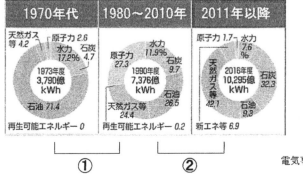

電気事業連合会資料により作成

問10　6班の発表内の空欄 _____ には、原子力発電のメリットについていくつか発表を行っています。原子力発電のメリットとして考えられるものを1つ答えなさい。

問11　下線部⑦に関して、現在のインフレの原因として考えられるものとして**適当でないもの**を、次のア〜エから1つ選びなさい。
　　　ア　消費税の税率が上がったため
　　　イ　ロシアとウクライナの戦争により天然ガス等の資源価格が上昇したため
　　　ウ　円安により、外国製品の輸入価格が上昇したため
　　　エ　コロナ禍の影響で、部品の生産が追いつかず、品不足が生じているため

日向学院高等学校入学試験問題

令和４年度

国　語

（50分　100点）

受験上の注意
1. 「始め」の合図があるまで、このページ以外のところを見ては
   いけません。
2. 問題は ☐一 ～ ☐三 まであります。
3. 答えは必ず解答用紙に記入しなさい。解答用紙はこの冊子の
   間にはさんであります。
4. 「始め」の合図があったら、まず解答用紙に受験番号、氏名を
   記入しなさい。
5. 問題用紙の不足や、印刷不鮮明の箇所があればだまって手を
   挙げなさい。
6. 「やめ」の合図があったら、すぐ鉛筆をおき、解答用紙は裏返
   しにして机の上に置きなさい。

一

次の文章を読んで、後の問いに答えなさい。

私が、将棋を上達するためにしてきた勉強法は、初心者のころも今も変わらない。基本のⅠプロセスは、次の四つだ。

・・・・
Ⅰ
Ⅱ
Ⅲ

・検証、反省する。

将棋は、適当に駒を動かせばいいというものではない。なによりも指し手のアイデアを考えることが大切だ。（①）、定跡※1通りに指して勝てるものでもない。「今度は飛車を縦に使って※2みよう」「桂馬を二回跳ねてみよう」などと考える。

（②）、思い浮かべたアイデアはそのまま実戦では使えない。一つのアイデアに対して、「相手がこの手できたらどうしよう」「あの手できたらどうしよう」と、うまくいくかどうかを盤に向かって調べる。そのアイデアが自分では新しいと思っても、実際に調べてみたら、過去に同じ手が使われていたり、類型があったりする。類型があったら、その後どのような展開になったかを調べたり、考えたりする。

アイデアをアメンミツに調べたら、そのあと対局で使ってみる。自分では十分に調べたつもりでも、実際の試合で実践してみると、対戦相手に思いも寄らない対応をされることがある。予想とはまったく違うことが起こるのである。

1

対局が終わったら①検証し、反省する。対局では、常に正確な手を指していることは少なく、どこかでミスをしている。（　③　）、どこでミスをしたかを確認し、（　④　）ミスをしないで進行していたら、どのような展開になったかを検証、反省する。対戦相手がミスをした場合も同様である。対局では、相手がミスしたのでアイデアが生きた、相手が正確に対応していたら成功しなかっただろうということはよくあることだ。

将棋は、スポーツと違ってきちんと検証ができる利点がある。たとえば、サッカーで、思い切ってシュートせずに味方にパスを回して得点できなかった。「あのときシュートを狙えばよかった」と反省しても、シュートしたらゴールしていたかどうかはわからない。将棋では、「こうしたらこうなり、こうなっただろう」と検証できるので、はっきりと結論が出せる。そのときの判断や決断を次に生かすことができるのだ。【　ア　】

この四つのプロセスをくり返していくことが、力をつけるポイントだと思っている。将棋だけではなく、勉強や物事を進めるときにも大切なポイントではないだろうか。【　イ　】

私は、今の時代は、いろいろなことが便利になり、②近道が非常に増えた時代だと思っている。何かをやろうと思ったときに、さまざまな情報があり、ィアンイな道、やさしい道が目の前に数多くある。そのため、選択の　Ｂ　なくその道を歩んだけれど、今は近道が他にたくさんできている。わざわざ一番遠い道を選んで行くのは損だという思いにかられる。その横では近道で通り過ぎてゆく人がたくさんいるのだから。自分自身で、「何をやっているのだ」と思うこともあるだろう。逆に、昔よりも選択が難しい時代なのかもしれない。しかし、遠回りをすると目標に到達するのに時間はかかるだろうが、歩みの過程で思わぬ

楽に進める環境も充実している。昔は、遠い、一本の道しかなかった。そのため、選択の　Ｂ　な

発見や出会いがあったりする。将棋でも、直接対局に関係ないように思えることが、あとになってプラスになったということはいろいろある。対局で、未知の場面にソウグウしたときには、直接的な知識や経験以外のものが役に立ったりするのだ。【　ウ　】

若いころ、一人で考え、学んだ知識は、今の将棋では古くなり、何の役にも立たない。だが、自分の力でキュウシュウした考える力とか未知の局面に出会ったときの対処の方法とか、さまざまなことを学べたと思っている。私は、自ら努力せずに効率よくやろうとすると、身につくことが少ない気がしている。【　エ　】

ビジネスの世界でも、最近は、プロジェクトを組んで進めることが多いという。「　C　」というこわざもある。③プロの棋士の間でも、集まって共同で研究や検討をしたりすることがある。一人で考えるか、それとも何人かの人が集まって知恵を出し合うか、どちらがより有効かは、非常に面白いテーマだ。私は、基本的には一人で考えなくてはいけないと思っている。将棋の場合、対局は一人で考えて答えを見いだしていくのだ。一人で考えていき、あるところまで到達する。そのうえで共同して知恵を出し合うのでなければ意味がないと思っている。

確かに、プロ同士二、三人で一緒に研究したほうが、ある特定の局面が問題になったときなどは、はるかに早く理解できる。というのも、一人で考えると、誰でもひとりよがりとか自分の考えに　D　してしまう部分がある。何人かの人と共同で検討すると、理解の度合いが二倍というよりもはるかに早く進んでいくのは確かだ。だからといって、それに全面的に頼ってしまうと、自分の力として勝負の場では生かせないだろう。【　オ　】

基本は、自分の力で一から考え、自分で結論を出す。それが必要フカケツであり、前に進む力もそ

こからしか生まれないと、私は考えている。

（羽生善治『決断力』KADOKAWA）

語注
※1 「定跡」……　将棋で、昔からの研究により最善とされる駒の指し方。
※2 「飛車」・3 「桂馬」……　将棋の駒の種類。

問1 ━━　ア～オのカタカナを漢字に直しなさい。

問2 （　①　）～（　④　）に当てはまる言葉として最も適切なものを次の中からそれぞれ選び、記号で答えなさい。（ただし、それぞれの記号は一度しか使えません。）

　ア　つまり　　イ　もし　　ウ　しかし　　エ　そこで　　オ　たとえば

問3 〰〰〰A 「プロセス」と同じ意味で用いられている漢字二字の熟語を、本文中から抜き出して答えなさい。

問4 $\boxed{B}$ 〜 $\boxed{D}$ について、次の（ⅰ）〜（ⅲ）の問いに答えなさい。

（ⅰ）$\boxed{B}$ に当てはまる言葉として最も適切なものを次の中から選び、記号で答えなさい。

ア 見地　　イ 局地　　ウ 余地　　エ 境地

（ⅱ）$\boxed{C}$ に当てはまることわざとして最も適切なものを次の中から選び、記号で答えなさい。

ア 船頭多くして船山に上る

イ 三つ子の魂百まで

ウ 寄らば大樹の陰

エ 三人寄れば文殊の知恵

（ⅲ）$\boxed{D}$ に当てはまる言葉として最も適切なものを次の中から選び、記号で答えなさい。

ア 譲歩　　イ 固執　　ウ 妥協　　エ 没頭

5

問5 	□Ⅰ□ 〜 □Ⅲ□ に当てはまる言葉として最も適切なものを、順序も考えて、それぞれ記号で答えなさい。

ア 考えをひとまず寝かせる。

イ それがうまくいくか細かく調べる。

ウ 師匠に教えてもらう。

エ 実戦で実行する。

オ アイディアを思い浮かべる。

カ みんなで考える。

問6 ————①「検証し、反省する」とありますが、そうすることで将棋においてどのようなことが可能になると筆者は述べていますか。本文中の語句を用いて三十字以内で説明しなさい。

問7 ————②「近道」とありますが、筆者は近道を行くことにはどのような問題があると述べていますか。「〜ということ。」に続く形で、本文中から十字以内で抜き出して答えなさい。

問8 ――③「プロの棋士の間でも、集まって共同で研究や検討をしたりすることがある」とありますが、それを意味のあるものにするためにはどうすることが必要であると述べていますか。本文中の語句を用いて二十字以内で答えなさい。

問9 この文章は次の連続する二文が抜けています。【 ア 】～【 オ 】のどこに入れるのが適切ですか。記号で答えなさい。

近道思考で、簡単に手に入れたものは、もしかしたらメッキかもしれない。メッキはすぐに剝げてしまうだろう。

二 次の文章を読んで、後の問いに答えなさい。

有名なヴァイオリニストの娘で、声楽を志す「私」（御木元玲）は、音大附属高校の受験に失敗し、新設女子高の普通科に進む。同級生との交わりを拒み、有名音楽家である母親へのコンプレックスからも抜け出せないでいた。

秋の体育祭と文化祭が終わると、急に空が高くなる。空気の匂いが変わる。香ばしさが風にかすかに混じり、住宅地の中を抜けて行くだけなのに、みのりの季節が近づいているのがわかる。ようやく穏やかな日々が戻ってくる。体育祭や文化祭のにぎにぎしさが私は苦手だ。今さら走ったり、踊ったり、新鮮味のない模擬店を出したり、そういうことをさせられるのが億劫でならない。終わってほっとした。ァ━━タイクツな日常でも、喧噪よりはいい。

それなのに、またただ。ホームルームの最後に、そろそろ合唱コンクールの準備を、と佐々木さんがいったのだった。何がそろそろだ。文化祭が終わったばかりじゃないの。ひとつ終えるとまたひとつ、秋は行事のペースが速くなるらしい。

「まだ少し先のことですけど、早めに準備して、いい結果を残せるといいなと思っています」

クラス委員の佐々木さんはそうィ━━シメくくった。合唱コンクールなんて興味もないけれど、それでも、いい結果を残せるといい、というのはちょっと違うだろうと思ってしまう。結果を残すために歌うんじゃない。あるいは、過程。そっちのほうが大事なんじゃないのか。——つい、そんなことを考えてしまってから、関係ないなと思う。私にはどうでもいいことだ。そしてたぶん、

9

クラスのみんなにとっても。

毎年、秋の終わりにクラスタイコウの校内合唱コンクールがある。そう書かれたポスターを去年も見ている。力を合わせるために声を合わせよう。そう書かれたポスターを去年も見ている。力を合わせるために力を合わせるのか。どちらが正しいというものでもないだろうけど、私はポスターの前で立ちどまった。クラスの団結が目的で、合唱は手段になってしまっている。①歌を利用していることへの軽い【　　　】を、どうでもいいじゃないそんなこと、と声に出してかき消した。

そもそもたいていの生徒にとって合唱コンクールの優先順位は低い。校内イベントの中でも最下位か二番手、三番手あたりをうろうろしていると思われる。マラソン大会といい勝負かもしれない。むしろマラソンのほうが嫌われている分だけ存在感がある。合唱はA歯牙にもかけられずその辺に放っておかれている。

②そういえば去年、熱心なクラスがあった。担任の力なのか、誰か指導力のある生徒がいたのか、あるいは合唱部に属する生徒が多かったのか。見事な歌声を聴いた。校内合唱コンクール程度でここまでの合唱を聴けるとは思っていなかったほどだ。

最初は放課後だった。校舎のどこかから合わせる声が聞こえてきた。ただたどしく、おそるおそる、の声。ちょうど今ごろの季節だったと思う。まるでばらばらに聞こえる日もあった。それが日を追うごとにまとまっていった。張り上げすぎていたソプラノに艶が出て、アルトがぐんと響き出す。そう、その調子、と私は鞄を提げて校舎をぐるぐる歩きまわった。生徒玄関まで行くと声は届かなくなってしまうから、わざとゆっくり階段を上り下りした。普通の生徒でも練習次第でこんなに変わるのかと胸を打たれていた。

それに比べ、私のクラスは話にならなかった。おざなりな練習しかせず、それだって不参加の人が多くて、もしかすると楽譜なしでは最後まで歌えない人もけっこういたかもしれない。誰もなり手がいなくて結局ジャンケンで決まった指揮者が機械的に指揮棒を振るだけで、私も声を出さなかった。

声楽の発声で合唱はできないし、歌って目立つのも嫌だった。

クラス替えはあったものの、今年だって似たり寄ったりだ。そろそろ合唱コンクールが、と佐々木さんがいったとき、しらっとした空気が流れた。文句さえ出なかった。もちろん、私も同じだ。関係のない話だと思った。この高校に入ってからというもの、すべてのことが私には関係なく過ぎてゆく。

翌週のホームルームで議題が合唱コンクールのことになったときも、私は窓から外を眺めていた。温度も湿度も適度にあって、声帯に弾力が出る。声が伸びる。音大の受験を考えるなら、そろそろ本腰を入れて準備をしなければいけない時期だった。

中庭の欅が色づいている。いい季節になった、と思う。

「誰か、指揮をやりたい人、やってもいい人、いませんか」

議長の佐々木さんがダンジョウから呼びかけている。指揮なんかやりたい人がいるわけがない。どうせまた決まらなくてジャンケンかクジになるんだろう。

頬杖をついて、高い空に飛行機雲が伸びていくのを見上げたとき、

「御木元さんがいるでしょ」

という声がした。驚いて声のほうを見たけれど、誰だかわからなかった。

「そうだ、御木元さんがいるじゃん」

「御木元さんがやればいい」

教室のあちこちから声が上がる。そのとき、わかった。みんな、知っていたのだ。私が御木元響[i]の娘だということを。そしてきっと、音大の附属高校に落ちてここにいることも。

さざ波のように広がった声はとても好意的には感じられなかった。母親が音楽家なのだから娘もそれなりに何かできるはずだと、ただそれだけの理由で自分たちのヤッカイごと[ii]を押しつけようとしている。

「御木元さんがやってくれたらいいと私も思います」

立ち上がってそういった人がいた。③声が素直で救われた。

議長が私を見た。

「お願いできますか」

「何を」

聞き返すと、発言者はもう一度立ち上がり、恥ずかしそうにちょっと振り返って私を見た。

「指揮か、ピアノ。それか、指導だけでもいい」

「どうして私が」

すると彼女はほんの少しためらった後で口を開いた。

「御木元さんは音楽が好きそうだから」

④虚を突かれて返事ができなかった。

「お願いできますか」

もう一度議長に聞かれて、⑤うなずいていた。音楽が得意そうだから、といわれていたら断っていたかもしれない。でも、音楽が好きそうだからというそのあまりに素朴な声に少し気持ちがほどけた。

音楽が好きかどうか、今となっては自信もないのだけれど。

「じゃあ指揮を」

私が答えると、黒板に、指揮・御木元玲、と書かれた。

（宮下奈都『よろこびの歌』）

問1 ＝＝＝ ア〜オのカタカナを漢字に直しなさい。

問2 〜〜〜〜 A「歯牙にもかけられず」・B「似たり寄ったりだ」の意味として最も適切なものを次の中からそれぞれ選び、記号で答えなさい。

A「歯牙にもかけられず」

ア 皆から好かれないで　　イ 見向きもされないで

ウ 標的にされないで　　エ 議論もされないで

B「似たり寄ったりだ」

ア 朝三暮四だ　　イ 十人十色だ　　ウ 五里霧中だ　　エ 五十歩百歩だ

13

問3 ……… i・ⅱに用いられている表現技法を次の中からそれぞれ選び、記号で答えなさい。

i 「みんな、知っていたのだ。私が御木元響の娘だということを。」

ⅱ 「さざ波のように広がった声」

ア 直喩法　　イ 擬人法　　ウ 倒置法　　エ 反復法　　オ 対句法

問4 ──① 「歌を利用していることへの軽い【　　】」について

A 「歌を利用していること」とはどういうことですか。三十字以内で説明しなさい。

B 【　　】に当てはまる言葉として最も適切なものを次の中から選び、記号で答えなさい。

ア 喜び　　イ 焦（あせ）り　　ウ 憤（いきどお）り　　エ 憐（あわ）れみ

問5 ──②「そういえば去年、〜思っていなかったほどだ」とありますが、この部分は小説の展開上どのような働きをしていますか。最も適切なものを次の中から選び、記号で答えなさい。

ア 去年の合唱で感動した「私」の体験を描くことで、もう一度音楽の道に進もうという決意を暗示している。

イ 本当のところは歌声に関心を持っている「私」の内面を描くことで、後に合唱コンクールの指揮者を引き受ける伏線となっている。

ウ 去年の「私」の合唱コンクールに対する熱意を描くことで、新しいクラスになってからの「私」の冷ややかな態度と対比させている。

エ 熱心に取り組んでいる他クラスの練習風景を描くことで、合唱コンクールに対する「私」のクラスの無関心さを浮き彫りにしている。

15

問6 ──③「声が素直で救われた」とは、どのようなことを表していますか。最も適切なもの
を次の中から選び、記号で答えなさい。

ア　それぞれの気持ちを探りあってばかりいる雰囲気の中で、強引な推薦の言葉によって、面
倒くさいと思う「私」の気持ちが解消されたということ。

イ　自分たちにはない才能の持ち主を仲間外れにするような雰囲気の中で、自分に好意的な人
もいることが分かり、「私」の孤独な気持ちが少し和らいだということ。

ウ　面倒なことは誰かに押し付けようとする雰囲気の中で、「私」に指揮をしてほしいという
純粋な気持ちからの言葉に「私」の嫌な気分が薄らいだということ。

エ　音楽家の娘であることを隠す「私」を非難する雰囲気の中で、屈託のない発言が、「私」
の罪悪感を軽くしてくれたということ。

問7 ──④「虚を突かれて返事ができなかった」とありますが、「私」はどのような発言を予
想していたのですか。本文中から十字以内で抜き出して答えなさい。

問8 ──⑤「うなずいていた」とありますが、このときの「私」について説明したものとして最も適切なものを次の中から選び、記号で答えなさい。

ア 友人の素直な賞賛の言葉に戸惑うと同時に、やってみたいというひそかな思いを今さら言い出すこともできず、人に言われて仕方なくという形で承知した。

イ 話したこともない人からの推薦を受けて意表を突かれると同時に、畳みかけるように議長に促されて、わけのわからないままつい首を縦に振ってしまった。

ウ 思いがけない展開にたじろぐと同時に、これ以上断るのは「私」を推薦してくれた人に悪いと感じて、乗り気ではなかったものの引き受けることにした。

エ 同級生の飾り気のない言葉に驚くと同時に、それを聞いて「私」の心の奥にしまわれていた歌への思いが胸をよぎり、思わず承諾してしまった。

17

問9 〜〜〜〜「秋の体育祭〜戻ってくる」とありますが、これは、どのようなことを効果的に表現していますか。最も適切なものを次の中から選び、記号で答えなさい。

ア 「私」の繊細な感性によってとらえられた季節の移り変わりが鮮やかに描かれるとともに、わずらわしいことがやっと終わった「私」の解放感を効果的に表現している。

イ 夏から秋にかけての美しい景色が「私」の新鮮な感動を伴って描かれるとともに、嫌な行事も終わってしまえばすがすがしく感じる「私」の心を効果的に表現している。

ウ 豊かな実りを思わせる秋の情景が「私」の視点から簡潔に描かれるとともに、節目の季節を迎え少しずつ成長していく「私」や友人の姿を効果的に表現している。

エ 暑かった夏がさわやかな秋になっていく様子が感傷的に描かれるとともに、この後「私」や周囲の人々に訪れることになる劇的な変化を効果的に表現している。

三　次の文章を読んで、後の問いに答えなさい。

今は昔、比叡山に僧ありけり。いと貧しかりけるが、鞍馬に七日参りけり。「夢などや見ゆる」

とて参りけれど、見えざりければ、今七日とて参れども、なほ見えねば、七日を延べ延べして、百日

参りけり。その百日といふ夜の夢に、「我はえ知らず。清水へ参れ」と仰せらるると見ければ、

明くる日よりまた清水へ百日参るに、また、「我はえこそ知らね。賀茂に参りて申せ」と夢に見てけ

れば、また賀茂に参る。七日と思へども、例の夢見ん見んと参る程に、百日といふ夜の夢に、※1「わ僧

がかく参る、いとほしければ、※2御幣紙、※3打撒の米ほどの物、たしかに取らせん」と仰せらると見て、

ひ え いざん
比叡山

くら ま
鞍馬に七日参りけり。

仏のお告げの夢など見えるか

鞍馬寺に

今七日とて参れども、なほ見えねば、

きよみづ
清水へ参れ

清水寺へ

おっしゃる

自分にはどうにもできぬ

か も
賀茂に参りて申せ

賀茂神社に

自分にはどうにもならぬ

わ僧

例の夢を見よう見ようと

ご へいがみ
御幣紙

うちまき
打撒

きっと

たしかに取らせん

授けよう

気の毒なので

おほ
仰せらるる

2022(R4) 日向学院高

Ｋ教英出版

20

A
うちおどろきたる心地、いと心憂く、あはれにかなし。「所々参り歩きつるに、ありありて、人目恥づ

何とももの憂く

あちこちお参りしてまわったのに、挙句の果てに

かく仰せらるるよ。打撒のかはりばかり賜はりて、何にかはせん。我が山へ帰り登らんも、

何になろう。

かし。賀茂川にや落ち入りなまし」など思へども、またさすがに身をもえ投げず。

賀茂川に飛び込んでしまおうか

B
いかやうに計らはせ給ふべきにかと、ゆかしき方もあれば、もとの山の坊に帰りてゐたる程に、

一方で知りたい気持ちもあるので、

僧の住居

知りたる所より、「物申し候はん」といふ人あり。「誰そ」とて見れば、白き長櫃を担ひて、縁に置

ごめんください

きて帰りぬ。いとあやしく思ひて、使を尋ぬれど、おほかたなし。これをあけて見れば、白き米とよ

C

21

き紙とを一（ひと）長櫃入れたり。「これは見し夢のままなりけり。① さりともとこそ思ひつれ、こればかりを

長櫃いっぱいに

まことに賜（た）びたる」と、いと心憂く思へども、いかがはせんと、この米をよろづに使ふに、ただ同じ

本当にお与えくださったことよ　　　　　　　　　　　　どうしようもない

多さにて尽くる事なし。紙も同じごと使へど、失（う）する事なくて、いと別（べち）にきらきらしからねど、②い

それほど格別に目立つというほどではないが、

と頼もしき法師になりてぞありける。なほ心長く物詣（ものまうで）はすべきなり。

たいへん裕福な

語注

※１　わ僧……僧に対する呼び掛けの語。

※２　御幣紙……神祭用具の一つ。竹や木の棒にはさんだ紙。

※３　打撒の米……神仏に供えるわずかな米。

※４　長櫃……ふたつきの大きな木製の箱。

（『宇治拾遺物語』）

問1 〰〰〰 1 「あはれに」・2 「ゐたる」の読みを、現代仮名遣いで答えなさい。

問2 ────── A〜Cの意味として最も適切なものをそれぞれ次の中から選び、記号で答えなさい。

A 「うちおどろきたる心地」

　ア 僧を驚かせた時の神の気持ち

　イ 夢を見て感動した時の僧の気持ち

　ウ はっと目が覚めた時の僧の気持ち

　エ 僧の夢に現れた時の神の気持ち

B 「いかやうに計らはせ給ふべきにか」

　ア 神はどのようにお取り計らいなさるおつもりか

　イ 私はどのようにしていただけるのであろうか

　ウ 私は神意をどのように推し量ればいいのだろうか

　エ 神はどうして私を試そうとなさるのか

23

C 「いとあやしく思ひて、使を尋ぬれど、おほかたなし」

ア 少し不審に思って、使いの者に聞くが、いっこうに要領を得ない

イ たいそう不思議に思って、使いの者を探すが、全く見当たらない

ウ 非常に恐ろしく感じて、使いの者を呼ぶが、ほとんど返事がない

エ とてもうれしく思って、使いの者を探すが、どこにも見つからない

問3 ━━━① 「さりともとこそ思ひつれ」は、「まさかと思っていたが」という意味ですが、僧はどのようなことを期待していたのですか。簡潔に答えなさい。

問4 ━━━② 「いと頼もしき法師になりてぞありける」について

（A）以前はどうであったのですか。それがわかる表現を本文中から十字以内で抜き出して答えなさい。

（B）僧が「いと頼もしき法師」になったのは、何を手に入れたからですか。十五字以上二十字以内で簡潔に答えなさい。

問5 本文の内容に合致するものを次の中から一つ選び、記号で答えなさい。

ア 僧は七日間のつもりで鞍馬に参ったが、延長を重ね、結局百日間詣でた。

イ 鞍馬、清水、賀茂の三か所で、僧は期待したとおりの夢を見た。

ウ 賀茂神社の神のお告げの夢を見ると、僧はたいそう喜んだ。

エ お告げの夢が現実になったので、僧は皆に知らせようと思った。

問6 次はこの古文を読んでの会話です。適切でないものを次の中から一つ選び、記号で答えなさい。

ア 武田さん「この僧の話は、神仏へのお参りは気長にすべきだという教訓の好例だね。」

イ 毛利さん「夢見の結果賀茂川に身投げをしようかと考えたことで、この僧の願いの真剣さがわかるよ。」

ウ 伊達さん「願い事のためにいくつかの神仏をお参りするのは、現代にも通じるところがあると思うわ。」

エ 上杉さん「この時代は現代以上に紙や米が貴重品とされていたことがうかがえるね。」

25

****

日向学院高等学校入学試験問題

****

令和4年度

数　学

(50分　100点)

$\boxed{1}$　次の $\boxed{}$ に最も適する数，数式を答えなさい。

(1)　$-3^2-(2-5)$ を計算すると $\boxed{}$ である。

(2)　$\dfrac{2x+y}{4}-\dfrac{x-2y}{3}$ を計算し，簡単にすると $\boxed{}$ である。

(3)　$\sqrt{27}-\dfrac{6}{\sqrt{3}}$ を計算し，簡単にすると $\boxed{}$ である。

(4)　$54a^3b^2\div\left(-\dfrac{9a^2b}{2}\right)$ を計算し，簡単にすると $\boxed{}$ である。

(5)　2次方程式 $(x+3)^2=10$ を解くと，$x=\boxed{}$ である。

（このページは空白です）

2 次の各問いに答えなさい。

(1) 84 にできるだけ小さい自然数 n をかけて，その結果をある数の 2 乗にするとき，n の値を求めなさい。

(2) $a=\sqrt{2}+1$, $b=\sqrt{2}-1$ のとき，$(2a+b)^2-(a+2b)^2$ の値を求めなさい。

(3) $y=\dfrac{1}{2}x$ のグラフと $y=\dfrac{a}{x}$ のグラフが 2 点A，Bで交わっています。右の図のような線分ABを対角線とする長方形の周の長さが 24 のとき，a の値を求めなさい。

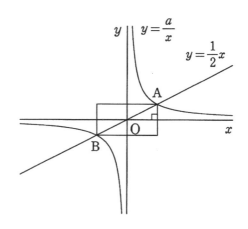

(4) 大小 2 つのさいころを投げて，大きいさいころの出た目の数を x 座標，小さいさいころの出た目の数を y 座標とする点をAとします。原点Oと点Aを通る直線の傾きが 2 となる確率を求めなさい。

(5) 右の図で，△A'B'Oは，OA＝OBの二等辺三角形ABOを点Oを中心として矢印の方向に 30° 回転したものです。∠x の大きさを求めなさい。

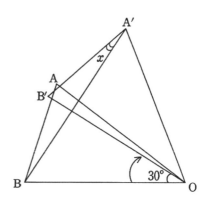

（このページは空白です）

3　次のAさんとBさんの会話文を読んで，　ア　～　カ　に当てはまる数，数式を答え
なさい。

　　Aさん：来月，クラスのみんなで，水族館か動物園のどちらかに行くことにしたんだ。
　　　　　　でも，話し合ってもなかなか決まらないから，希望者が多い方に行くことに
　　　　　　なったんだ。
　　Bさん：希望を調べた結果，水族館と動物園の希望者はそれぞれ何人だったの？
　　Aさん：じゃあ，ヒントを出すから考えてみて。ただし，クラスの全員が必ずどちら
　　　　　　か一方を希望しているからね。
　　Bさん：うん。わかった。
　　Aさん：じゃあ，いくよ。もし3人が水族館から動物園へ希望を変更すると，変更後
　　　　　　の動物園の希望者は，水族館の希望者の80％になるんだ。また逆に，4人が
　　　　　　動物園から水族館へ希望を変更すると，変更後の動物園の希望者は，クラス
　　　　　　の25％になるんだ。
　　Bさん：考えてみるから，ちょっと待って。

【Bさんの考え方】
　水族館の希望者を x 人，動物園の希望者を y 人とする。3人が水族館から動物園へ
希望を変更すると，変更後の動物園の希望者は，水族館の希望者の80％となるから，

$$\boxed{\text{ア}} = \frac{80}{100}\left(\boxed{\text{イ}}\right) \quad \cdots ①$$

と表せる。
　また逆に，4人が動物園から水族館へ希望を変更すると，変更後の動物園の希望者
は，クラスの25％となるから，

$$\boxed{\text{ウ}} = \frac{25}{100}\left(\boxed{\text{エ}}\right) \quad \cdots ②$$

と表せる。
　①と②の連立方程式を解けばいいよね。

　　Bさん：わかったよ。希望者は，水族館が　オ　人で，動物園が　カ　人だね。
　　Aさん：正解。
　　Bさん：じゃあ，Aさんのクラスは水族館に行くことに決まったんだね。楽しんでき
　　　　　　てね。

6 　一辺の長さが a の立方体を図のように切ると，底面が正方形の同じ形をした3つの四角すい (ア)，(イ)，(ウ) に分割することができます。このとき，次の各問いに答えなさい。

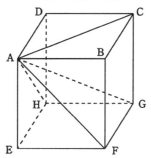

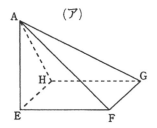 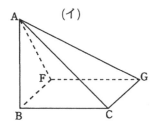 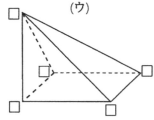

(1) 四角すい (ウ) の各頂点の □ には，A，B，C，D，E，F，G，Hのそれぞれどれが入りますか。解答用紙の図に書き込みなさい。

(2) 四角すい (ア) の体積を求めなさい。

(3) 四角すい (ア) の展開図を，次の Ⓐ〜Ⓒ の中から一つ選びなさい。

Ⓐ　　　　　　　　　Ⓑ　　　　　　　　　Ⓒ

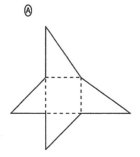 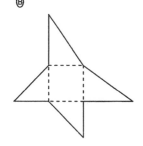 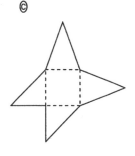

(4) AF＝$\sqrt{2}\,a$ です。このことを利用して，四角すい (ア) の表面積を求めなさい。

（このページは空白です）

5 下の図のようなAD∥BCの台形ABCDで，対角線BD，ACの中点をそれぞれM，Nとし，直線DNと辺BCの交点をE，対角線BDとACの交点をFとします。また，AD，BCの長さをそれぞれa，bとします。このとき，次の各問いに答えなさい。

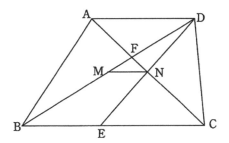

(1) △AND≡△CNEであることを次のように証明しました。

   (証明)　△ANDと△CNEにおいて

        仮定より，AN＝CN　…①

        対頂角は等しいので，　| ア |　…②

        AD∥BC より，錯角は等しいので，　| イ |　…③

        ①，②，③より，1組の辺とその両端の角がそれぞれ等しいから

            △AND≡△CNE　　　　　　　　　　　(終)

   | ア |，| イ | に適するものを下の Ⓐ～Ⓓ の中から，それぞれ一つ選びなさい。

   Ⓐ ∠ANE＝∠DNC　　Ⓑ ∠AND＝∠CNE　　Ⓒ ∠DAN＝∠ECN　　Ⓓ ∠ADN＝∠CEN

(2) 線分MNの長さを a，b を用いて表しなさい。

(3) △DMNと△DBEの面積比を最も簡単な整数で表しなさい。

(4) △ABFと△DNFの面積比を a，b を用いて表すと，$2b$：$\left(\ \boxed{\text{ウ}}\ \right)$ となります。

   | ウ | に適する数式を求めなさい。

（このページは空白です）

4 右の図のように，放物線 $y=\dfrac{1}{4}x^2\cdots①$

と，直線 $y=ax\cdots②$，$y=ax+8\cdots③$ が
あります。①と②は点A（4，4）で交わり，
③と y 軸との交点をBとします。また，
①と③の交点のうち，x 座標が正である点
をCとします。このとき，次の各問いに答
えなさい。

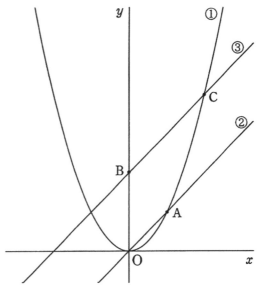

(1) a の値を求めなさい。

(2) 点Cの座標を求めなさい。

(3) 四角形OACBの面積を求めなさい。

(4) △ACDの面積が四角形OACBの面積と等しくなるように，①上に点Dをとります。
このような点Dは2つあります。その座標をそれぞれ求めなさい。

（このページは空白です）

****

日向学院高等学校入学試験問題

****

令和4年度

英　語

（50分　100点）

受験上の注意

1. 「始め」の合図があるまで、このページ以外のところを見てはいけません。
2. 問題は ① ～ ⑦ まであります。
3. 答えは必ず解答用紙に記入しなさい。解答用紙はこの冊子の間にはさんであります。
4. 「始め」の合図があったら、まず解答用紙に受験番号、氏名を記入しなさい。
5. 問題用紙の不足や、印刷不鮮明の箇所があればだまって手を挙げなさい。
6. 「やめ」の合図があったら、すぐ鉛筆をおき、解答用紙は裏返しにして机の上に置きなさい。

1 放送を聞いて次の設問A、Bそれぞれに答えなさい。（リスニングの問題は試験開始１５分後に始めます）

※音声と放送原稿非公表

A これから読まれる5つの対話を聞き、最後の発言の後に続くものとして最も適切なものを選び、記号で答えなさい。対話は２回ずつ読まれます。

(1) a. Yes, you can.
  b. That's O.K. I'll call her back later.
  c. Will you give her a call?
  d. I'm sorry, I am busy.

(2) a. Do you want to come to my house and study together?
  b. Let's have lunch together.
  c. Mr. Suzuki's test was very easy.
  d. You are very good at English.

(3) a. She teaches English.
  b. She has brown hair.
  c. She is 25 years old.
  d. I have never met her before.

(4) a. Here is your medicine.
  b. O.K. I will give you two more days.
  c. You must get up early.
  d. I slept well last night.

(5) a. I didn't do my English homework!
  b. How many gyms do we have ?
  c. What's the next class?
  d. Oh, no. I forgot my P.E. clothes!

B これから読まれる英文を聞き、(1)～(5)の質問の答えとして最も適切なものを
選び、記号で答えなさい。英文は2回読まれます。

(1) What is the story about?
　　a. Italian art.
　　b. Leonardo da Vinci.
　　c. The history of bicycles.
　　d. How to be healthy.

(2) What happened in the 16th century?
　　a. Leonardo da Vinci drew a picture of a bicycle.
　　b. The first bicycle was made.
　　c. A picture of a bicycle was found.
　　d. Leonardo da Vinci made a bicycle.

(3) Why were the bicycles made by the German man different from our
　　bicycles?
　　a. Because they didn't have pedals.
　　b. Because they didn't move.
　　c. Because the they could walk.
　　d. Because they were made of paper.

(4) What happened in 1868?
　　a. Leonardo da Vinci finally made a bicycle.
　　b. People couldn't ride bikes any more.
　　c. England and France had a war over bicycles.
　　d. French men made more bicycles.

(5) Why do many people ride bicycles these days?
　　a. Because they like walking better.
　　b. Because there are many colors.
　　c. For their health and the environment.
　　d. Because walking is faster.

2 次の英文中の空所に、与えられた文字で始まる英単語を答えなさい。

(1) My (f　) food is sushi. I always eat it on my birthday. I love sushi very much.

(2) London and Tokyo are the (c　) cities of Britain and Japan.

(3) January is the first month of the year and September is the (n　) month of the year.

(4) My father's brother is my (u　).

(5) I like blue and yellow. What (c　) do you like?

3 次の英文はある生徒が書いたものです。①～⑤の下線部は文法的に誤りです。
　その誤りの部分を訂正したものとして、最も適切なものを選び、記号で答えなさい。

My name is Taro Suzuki. I ①<u>am playing</u> tennis every day at school. I like tennis very much. I ②<u>have practiced</u> tennis with my best friend Naoto last Sunday. I have played tennis for 5 years ③<u>for</u> I was a junior high school student. I like playing tennis very much ④<u>so</u> I can meet many people and make new friends. Next week, we will have a very big tennis match at school. I am going to do my ⑤<u>better</u>.

①	a. played	b. plays	c. play	d. playing
②	a. am practicing	b. practicing	c. practiced	d. will practice
③	a. because	b. when	c. on	d. since
④	a. if	b. during	c. with	d. because
⑤	a. good	b. best	c. well	d. much

4 次の（1）〜（5）の会話が成り立つように、（　　　）内の語（句）を並べ
かえて英文を完成させなさい。なお、解答欄には出だしの部分が書いてあるの
で、その続きを答えなさい。

(1) A: Who is your brother?
　　B: Can you see (the park / that tall boy / soccer / in / playing)?

(2) A: Mom, it is very hot today! I am so thirsty.
　　B: Do you want (cold / drink / something / to)?

(3) A: Nancy, shall I help you? Your bag looks very heavy.
　　B: Thanks, Koji. I want you (to / to / the music room / carry / it).

(4) A: Shall I help you ?
　　B: Oh, thank you. Can you (tell / how / use / computer / me / to / this)?

(5) A: Let's go shopping at Aeon Mall this Saturday.
　　B: I'd like to go, but (have / I / to / finish / math / my) homework.

問題は次のページに続きます。

5 次の表と英文を読み取り、後に続く問いに対して適切な答えを選び、記号で答えなさい。*のある単語は英文の下に注釈があります。

	*Admission (One day)	One year *membership
Children (From 4 years old to elementary school students)	$5	$30
Junior and High school students	$15	$60
People 18 years old and over	$25	$100
People over 62 years old	$20	$90

★Children 3 years old and under are free and a group of 10 people get a two-dollar *discount for each person. The group can include children (3 years old and under).

★Museum is closed every Monday.

★Museum is open from 9:00 a.m. to 5:00 p.m.

John is a 15-year-old junior high school student. His family and his grandparents are going to visit the museum next Sunday. There are six people in his family, his parents, his 19-year-old brother in college, his 3-year-old brother and his sister in high school. His parents are both 40 years old. His grandfather is 63 years old and his grandmother is 60 years old.

（注）*admission 入場料　*membership 会員　*discount 割引

一

問9	問8	問7	問6	問5	問4	問3	問2	問1
				I	i	A	①	ア
				↓	ii		②	イ
				II			③	ウ
				↓	iii		④	エ
			ということ。	III				オ

問1
ア
イ　めくくった
ウ
エ
オ

受験番号

氏名

※100点満点
（配点非公表）

4

| (1) | $a =$ | (2) | (,) | (3) | |

| (4) | (,) , (,) |

5

| (1) | ア | イ | (2) | |

| (3) | : | (4) | ウ | |

6

(1)		(2)	
		(3)	
		(4)	

| 5 | (1) | | (2) | | (3) | | (4) | |

| 6 | (1) | | (2) | ② | | ③ | | (3) | ④ | | ⑤ | |
| | (4) | | | | | | | | | | | |

7	(1)		という気持ち
	(2)		
	(3)		という理由で		と言われたから
	(4)				~			
	(5)		
	(6)		

7 (7)

下の **a. / b.** のどちらかに〇をつけること

a. I think Japan has changed a lot　　　　**b. I don't think Japan has changed at all**

because

令和4年度

英語　解答用紙

※100点満点
（配点非公表）

| 受験番号 | | 氏名 | |

【リスニング問題】

| 1 | A | (1) | | (2) | | (3) | | (4) | | (5) | |
| | B | (1) | | (2) | | (3) | | (4) | | (5) | |

【筆記問題】

| 2 | (1) | | (2) | | (3) | | (4) | | (5) | |

| 3 | ① | | ② | | ③ | | ④ | | ⑤ | |

4	(1)	Can you see	?
	(2)	Do you want	?
	(3)	I want you	.
	(4)	Can you	?

令和4年度
数学解答用紙

受験番号		氏　名	

1

(1)		(2)		(3)	
(4)		(5)			

2

(1)	$n =$	(2)		(3)	$a =$
(4)		(5)	$\angle x =$		

3

ア		イ		ウ	

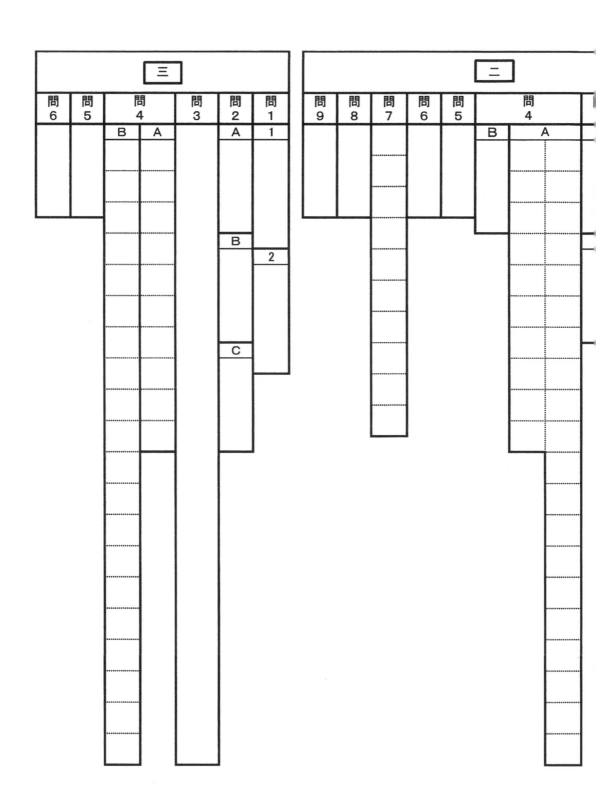

【解答

(1) How much will John's family and his grandparents pay?

    a. 95 dollars   b. 150 dollars   c. 180 dollars   d. 300 dollars

(2) If John wants to have a two-dollar discount for each person, how many more people will he need?

    a. One   b. Two   c. Three   d. Four

(3) John and his sister decide to become one-year members, how much will they pay together?

    a. 60 dollars   b. 120 dollars   c. 180 dollars   d. 200 dollars

(4) When can't John visit the museum?

    a. 9:30 a.m. on Tuesday
    b. 10:00 a.m. on Friday
    c. 5:30 p.m. on Sunday
    d. Every Saturday afternoon

6 次の宮崎市への観光客数の推移に関する２つの表とそれについてかわされた対話を読み、後の問いに答えなさい。*のある単語は英文の下に注釈があります。

観光客数の推移

（単位：千人）

区　　分	平成26年	平成27年	平成28年	平成29年	平成30年
県　外　客	2,255 (99.3)	2,418 (107.2)	2,823 (116.7)	2,747 (97.3)	2,415 (87.9)
県　内　客	3,498 (97.9)	3,723 (106.4)	3,568 (95.8)	3,254 (91.2)	3,740 (114.9)
観光入込客数	5,753 (98.4)	6,141 (106.7)	6,391 (104.1)	6,001 (93.9)	6,155 (102.6)

※カッコ内は、対前年比（％）

外国人宿泊客の状況

	平成28年		平成29年		平成30年			前年比	
	国・地域	宿泊者数	国・地域	宿泊者数	国・地域	宿泊者数	構成比	増減率(%)	増減(人)
1	香港	50,420	香港	52,172	韓国	72,578	34.7%	139.3%	20,493
2	韓国	44,384	韓国	52,085	香港	50,937	24.4%	97.6%	▲ 1,235
3	台湾	34,063	台湾	43,344	台湾	37,031	17.7%	85.4%	▲ 6,313
4	中国	7,389	中国	10,189	中国	7,880	3.8%	77.3%	▲ 2,309
5	アメリカ	1,665	アメリカ	1,723	アメリカ	3,279	1.6%	190.3%	1,556
6	タイ	882	イギリス	822	シンガポール	1,714	0.8%	215.9%	920
7	シンガポール	817	シンガポール	794	フランス	918	0.4%	296.1%	608
8	イギリス	422	タイ	777	イギリス	828	0.4%	100.7%	6
9	ドイツ	412	カナダ	330	タイ	836	0.4%	107.6%	59
10	オーストラリア	379	フランス	310	ドイツ	768	0.4%	331.0%	536
11	フランス	210	オーストラリア	299	オーストラリア	544	0.3%	181.9%	245

以下省略

https://www.city.miyazaki.miyazaki.jp/fs/3/4/8/8/6/0/_/153762.pdf

2022(R4) 日向学院高

K教英出版

Takeshi: Hi, John! How are you? How is your life in Miyazaki?

John: I'm feeling great, thanks. I like Miyazaki very much. There are so many good places to visit. I want to know more about Miyazaki.

Takeshi: Miyazaki city is trying to get many visitors from *not only inside Japan, *but also from other countries. Look at this information from Miyazaki city. In the year of *Heisei* 30, we had (①) visitors.

John: Wow, so many people! What does the year of *Heisei* 30 mean?

Takeshi: Oh, sorry, there is a new name for the *era when we have a new *emperor. Right now, it is *Reiwa*. We had *Heisei* before that. The year of *Heisei* 30 is the year 2018. 2017 is the year of *Heisei* (②) So in 2018, 2,415,000 people visited Miyazaki from places outside Miyazaki prefecture. The number 87.9 means that the *percentage of visitors from outside Miyazaki dropped by 12.1 % from *Heisei* 29.

John: I see. So that means that in 2018, the percentage of visitors from inside Miyazaki prefecture grew by (③) % from 2017!

Takeshi: That's right. The next *chart shows the number of visitors from other countries. In 2016, and 2017, we had the most visitors from (④). But we had the most visitors from (⑤) in 2018.

(注) *not only~but also~ 〜だけでなくまた〜も *era 時代 *emperor 天皇
*percentage 割合 *chart 図

(1)空所①に入る数字を下から選び、記号で答えなさい。
　 ア 2,255,000　イ 3,254,000　ウ 6,001,000　エ 6,155,000

(2)空所②、③に適切な数字を答えなさい。

(3)空所④、⑤に入る地名をそれぞれ下から選び、記号で答えなさい。
　 ア　America　　イ　Canada　ウ　China　エ　Taiwan
　 オ　Hong Kong　カ　South Korea

(4)次の英文の中から正しいものを２つ選び、記号で答えなさい。
　 ア　In 2016 and 2017, the same place came in the sixth place.
　 イ　In 2017, more people came from Canada than from Australia.
　 ウ　There were more people from the U.K. in 2017 than in 2018.
　 エ　From 2016 to 2018, the same place came in the fifth place.
　 オ　In 2018, the same number of people came from America as people from France.

7 次の英文を読んで、後の問いに答えなさい。 *のある単語は次のページに注釈
があります。

Ginko Ogino was born in today's Saitama Prefecture in 1851. Her family was very rich. When she was 16 years old, she *got married. But her life with her first *husband was not happy. He was not very kind and Ginko got *a serious disease from him. But Ginko's husband's family told her to go back to her *hometown. Ginko was very sad.

Ginko went to see a doctor in Tokyo , but doctors at the hospital were all men. She felt so *ashamed and she wanted to run away from the hospital because she had to show her body to *male doctors. There were no women doctors at that time in Japan. Ginko thought then that women in Japan should not feel ①the same *feelings like her.

Ginko told her mother, "Mother, I am going to study to be a ②(_____) " Her mother was very *angry. She said, "What are you talking about? Doctors cut arms and legs, they see *blood! It is a job for men! All of our *neighbors and friends will *laugh at our family! You can't say such a *stupid thing!"

Did Ginko hear her mother's words? No, she didn't. She was a woman of great *courage and she had a strong *mind. She never gave up. Finally she got into a *medical school in 1879. At that school, she *dressed just like the men, because she didn't want to feel different. Other students at the school said many bad things about her, "You are going to be a doctor? Women cannot see men's bodies! You are *crazy!" Nobody *accepted her. She was alone. But she didn't give up. She had her dream.

*At long last, she finished her school and she was ready to take a test to become a doctor. But she was told, "You can't take the test. No women took the test before." ③She was very angry. But many people saw Ginko's hard work and her strong wish to become a doctor. In 1884, she took the test and she was the only woman to pass the test among the three women test-takers.

After she became a doctor, she opened her clinic in Yushima, Tokyo. But ④she had more difficult problems. Some *patients didn't want to see a woman doctor. Some men were angry and tried to leave the clinic.

In 1890, she met a young man named Yukiyoshi Shikata. He was 13 years younger than Ginko. Ginko decided to *marry him, but ⑤many people were against this idea. They said he was too young. But Ginko and Yukiyoshi didn't care. They were *Christians and they went to *church together. The *sign on the door of the church said, ⑥"(   )" For Ginko, the most important thing was not your *sex, or age but her dream and *ideal. She didn't live a very rich life, but she changed Japan. It is almost 100 years since she died, how much has Japan changed? ⑦What would Ginko say?

2022(R4) 日向学院高

K 教英出版

- 9 -

（注）
*get married　結婚する　*husband 主人　*a serious disease　深刻な病気
*hometown　故郷　*ashamed　恥ずかしい　*male 男性の　* feeling 気持ち
*angry　怒っている　*blood　血　*neighbors　近所の人々　*laugh at〜　〜を笑う　*
stupid　愚かな　*courage　勇気　*mind 気持ち　*medical 医療の
*dress 服を着る　*crazy 気が狂っている　*accept 受け入れる
*at long last　やっと　*patient 患者　*marry　結婚する
*Christians キリスト教信者　*church　教会　*sign　標識　*sex 性別　*ideal　理想

（1）下線部①に‘the same feelings’とあるが、具体的にどのような気持ちかを
　　その理由とともに日本語で説明しなさい。

（2）下線部②の空所に入る適切な1語を、本文中から抜き出して答えなさい。

（3）下線部③の理由を日本語で説明しなさい。

（4）下線部④の内容が書いてある部分の始めと終わりを、それぞれ英語3語で答
　　えなさい。符号（，．！？）は語数に含めないものとする。

（5）下線部⑤の理由を日本語で説明しなさい。人名はひらがなで書いても構いま
　　せん。

（6）下線部⑥の空所に入るものとして、最も適切なものを下から選び、記号で答
　　えなさい。
　　ア　We don't welcome foreigners.
　　イ　We welcome only women.
　　ウ　Anyone is welcome, please come at any time.
　　エ　We don't welcome you if you are not Christians.
　　オ　We are open from Monday through Friday.

（7）下線部⑦の質問について、Ginkoになったつもりでa.かb.のどちらかを選び、
　　becauseの後の下線部に5語以上の英語を書きなさい。a. ／ b. はどちらを選
　　んでも構いませんが必ず解答欄の記号のa. かb. に○をつけること。

　 a. I think Japan has changed a lot because ＿＿＿＿＿＿＿＿＿＿＿＿＿.
　 b. I don't think Japan has changed at all because ＿＿＿＿＿＿＿＿＿.

****

日向学院高等学校入学試験問題

****

令和4年度

理　科

(50分　100点)

受験上の注意

1. 「始め」の合図があるまで、このページ以外のところを見ては
   いけません。
2. 問題は $\boxed{1}$ ～ $\boxed{4}$ まであります。
3. 答えは必ず解答用紙に記入しなさい。解答用紙はこの冊子の
   間にはさんであります。
4. 「始め」の合図があったら、まず解答用紙に受験番号、氏名を
   記入しなさい。
5. 問題用紙の不足や、印刷不鮮明の箇所があればだまって手を
   挙げなさい。
6. 「やめ」の合図があったら、すぐ鉛筆をおき、解答用紙は裏返
   しにして机の上に置きなさい。

1 植物の特徴について，次のⅠ，Ⅱに答えなさい。

Ⅰ 図1は，ある植物の細胞を顕微鏡で観察したときの模式図
である。
　これについて，以下の問いに答えなさい。

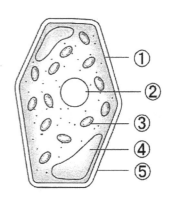

（1） 図1の ① ～ ⑤ の名称をそれぞれ答えなさい。

図1

（2） 次の A～E は，顕微鏡の使用上の操作を記したものです。これらの操作を正しい順番に
並べ，記号で答えなさい。

　　A　：　プレパラートをステージ上にのせ，観察しようとするおおよその部分を対物
　　　　　　レンズの真下に置き，クリップでとめる。
　　B　：　接眼レンズをのぞきながら反射鏡を調節して視野を明るくする。
　　C　：　対物レンズの先を横から見ながらプレパラートに近づける。
　　D　：　アームを右手でにぎり，左手を鏡台にそえて格納箱から取り出す。
　　E　：　接眼レンズをのぞき，調節ねじを回して対物レンズの先とプレパラートの間
　　　　　　を遠ざけながらピントをあわせる。

（3） 16 倍の接眼レンズと 40 倍の対物レンズを用いて顕微鏡観察をしたときの総合的な倍率
を求めなさい。

（4） 顕微鏡でゾウリムシを観察したところ，右図のように見えた。
ゾウリムシを視野の中央で観察したいとき，顕微鏡のステージ
上にあるプレパラートはどちらの向きに動かせばよいですか。
ア～エから１つ選び，記号で答えなさい。

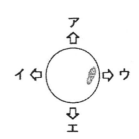

- 1 -

Ⅱ　植物のはたらきを調べるために次のような実験をおこなった。これについて，以下の問い
　　に答えなさい。

【実験1】
　無色透明な袋を4つ準備し，下図のように袋AとCには何も入れず，袋BとDには植物の
葉を入れた。どの袋も口をしっかりと閉め，袋AとBは暗所で，袋CとDは明所で6時間
放置した。
　ただし，それぞれの袋の条件は同じになるようにした。具体的には，最初に袋に入っている
空気はどの袋も同じ量で，袋BとDに入れた植物もそれぞれ同じ量であるとする。

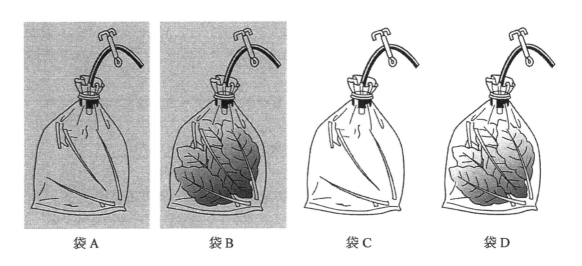

　　　袋A　　　　　　　　袋B　　　　　　　　袋C　　　　　　　　袋D

【実験2】
　袋A～Dの内部の気体をそれぞれ石灰水に通したところ，1つの石灰水だけが白く濁った。

【実験3】
　袋Bと袋Dの葉を1枚ずつ取り出して，それぞれ熱湯に入れた後，あたたかいエタノールに
入れて脱色した。
　脱色された葉を水洗いしてからヨウ素液にひたしたところ，袋Bから取り出した葉には変化
が見られず，袋Dから取り出した葉は青紫色に染まった。

2022(R4) 日向学院高
Ｋ教英出版

（5）　この実験のように，葉を入れていない袋や明暗などの条件を1つずつ変えて結果を検証するような実験方法を何といいますか。

（6）　【実験1】を終えたとき，それぞれの袋の中の酸素の量はどのようになっていると考えられますか。関係を示した次の**ア〜カ**から正しいものを1つ選び，記号で答えなさい。

　　　　ア　袋A ＞ 袋B ＞ 袋D
　　　　イ　袋B ＞ 袋A ＞ 袋D
　　　　ウ　袋C ＞ 袋B ＞ 袋D
　　　　エ　袋C ＞ 袋D ＞ 袋B
　　　　オ　袋D ＞ 袋A ＞ 袋B
　　　　カ　袋D ＞ 袋B ＞ 袋A

（7）　【実験2】の結果，石灰水が白く濁ったものはどの袋の中の気体を通したものですか。袋A〜Dから1つ選び，記号で答えなさい。

（8）　【実験3】の下線部について，葉を脱色する理由として最も適当なものはどれですか。次の**ア〜ウ**から1つ選び，記号で答えなさい。

　　　　ア　ヨウ素液の色の変化を見やすくするため。
　　　　イ　葉緑素があるとヨウ素液が反応しないため。
　　　　ウ　反応するはずの物質がヨウ素液で分解されることを防ぐため。

（9）　【実験3】の結果，袋Dの葉に含まれていると考えられる物質は何ですか。

2 以下のような手順で水の電気分解の実験をおこなった。
これについて，以下の問いに答えなさい。

手順❶ 正確に 0.80g の水酸化ナトリウムを水に溶かして全量を 200mL にした水溶液を作り，
ビーカーX とビーカーY に正確に 100mL ずつに分けた。

手順❷ ビーカーX に，ある濃度の塩酸（塩酸 Z とする）を 200mL 加えて pH メーターで混合
後の水溶液の pH を測定するとちょうど 7.0 であった。

手順❸ ビーカーY 内の水酸化ナトリウム水溶液の全量を H 字管に入れて下のような模式図で
表される装置で，水の電気分解を行った。
このとき生じた気体は,体積比で気体 A：気体 B＝2：1 であった。

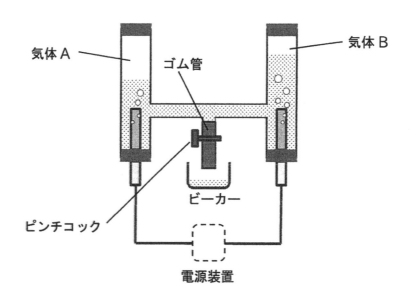

※ 電気分解するときはピンチコックを開けておき,そこから出てくる液体はすべてビーカーに
集めた。

（1） 図中の｜┈┈┈┈｜内に，正しい向きに注意して電源装置を回路記号で書きなさい。

（2）　水を電気分解するときに水酸化ナトリウムを加える理由を簡潔に説明しなさい。

（3）　水酸化ナトリウムは水の中で電離して溶けています。水酸化ナトリウムの電離を表す式を答えなさい。

（4）　水を電気分解するとき，水酸化ナトリウムの代わりに硫酸を加えても水酸化ナトリウムを加えたときと同じ結果になります。硫酸の化学式を答えなさい。

（5）　水を電気分解するとき，水酸化ナトリウムの代わりに塩酸を加えると水酸化ナトリウムを加えたときとは異なる変化が起こります。塩酸を加えたときに陽極と陰極から生じる気体の名称をそれぞれ答えなさい。

（6）　次のア〜エのうち，気体Aについて正しく述べたものはどれですか。1つ選び，記号で答えなさい。

　　　ア　マッチの火を近づけると音を出して爆発する。
　　　イ　空気より重く，水に溶けると酸性を示す。
　　　ウ　空気より軽く，水に溶けるとアルカリ性を示す。
　　　エ　火のついた線香を入れると線香の火の燃え方が激しくなる。

（7） 手順❸で 10 分間電気分解を行ったとき，気体 B は 20mL 生じました。このとき生じる気体 A の質量を求めなさい。ただし，このときの水素の密度は 0.090g/L，酸素の密度は 1.4g/L とし，気体の密度は体積 1L 当たりの質量で表します。

（8） 手順❸でビーカーに集められた液体および H 字管に残った液体をすべて取り出し，全量を再び H 字管に入れ電気分解をおこなった。

これを繰り返し，液体の全量が 60mL になるまで電気分解した。

この液を正確に 30mL はかり取り，塩酸 Z を加えて pH を 7.0 にしたい。このとき必要な塩酸 Z は何 mL ですか。

問題は次のページに続きます

3 下の図は，北極側から見た太陽・地球・月・金星の位置関係を模式的に表したものです。ただし，金星については軌道のみを表しています。

　この図をもとに，以下の問いに答えなさい。

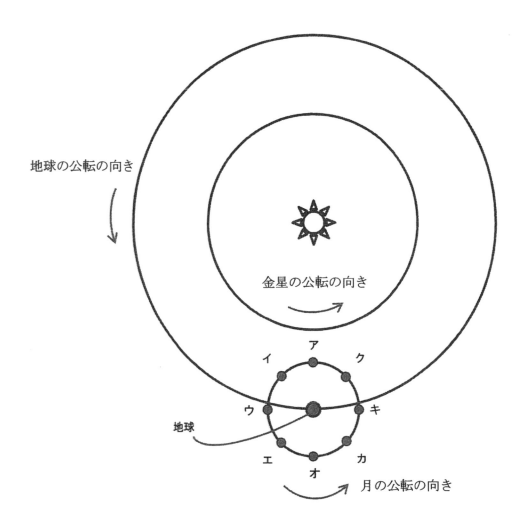

（1）　地球から月を見たとき，次の①～④のように見える月の位置はどこですか。正しいものを図中の**ア～ク**の中から１つずつ選び，記号で答えなさい。

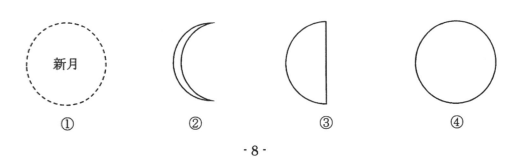

（2） 月食が観察できる可能性がある月の位置はどこですか。最も適当なものを図中の**ア〜ク**の中から１つ選び，記号で答えなさい。

（3） 地球から見た「金星」の見え方について書かれている次の文章中の ❶ 〜 ❹ に適する語句を（　　　）の中からそれぞれ１つずつ選び，記号で答えなさい。

　金星は地球から見て，ほぼ太陽と ❶（**ア**：同じ　**イ**：反対）方向に位置する。したがって，❷（**ア**：昼間　**イ**：真夜中）は観測できない。そのため，明け方 ❸（**ア**：東　**イ**：西）の空か，夕方 ❹（**ア**：東　**イ**：西）の空だけにしか見ることができない。

（4） 右の図は，ある日の夕方実際に金星を天体望遠鏡で観測したものを上下左右反転させ，肉眼で見たときの向きに直してスケッチした図です。
　　　この後，３ヶ月間観測を続けたとき金星の見え方はどのように変化していきますか。見える大きさと形の変化のようすとして最も適当な組み合わせを下の**ア〜エ**の中から１つ選び，記号で答えなさい。ただし，金星の公転周期は 0.62 年とします。

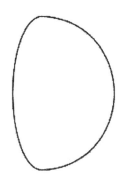

	大きさ	形
ア	大きく見えるようになる	満ちていく
イ	大きく見えるようになる	欠けていく
ウ	小さく見えるようになる	満ちていく
エ	小さく見えるようになる	欠けていく

4 電気回路に関する以下の問い I ～ III に答えなさい。

I 抵抗，電源装置，電圧計，電流計を図1のようにつなぎ，2種類の抵抗 A と B に加える電圧を変えながら流れる電流を測定したところ，下のグラフのような結果となりました。

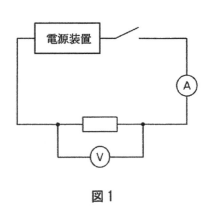

図1

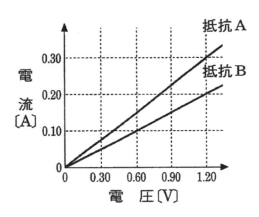

（1） 抵抗 A，抵抗 B の測定結果による抵抗値はそれぞれ何 Ω ですか。

（2） 抵抗 A と抵抗 B を直列につないだ時の回路全体の抵抗の値は何 Ω ですか。

問題は次のページに続きます

II　1.0Ω の抵抗 C に電源装置，電圧計，電流計を図 2 の回路図のようにつなぎ，電源装置の
　　電圧を 1.0V に調整したところ，電流計の値は 0.50A を示していました。

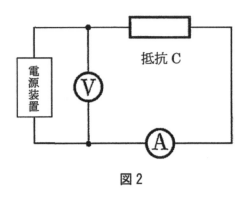

図 2

（3）　この時，電圧計が示す値は何 V ですか。

次の文章は，この実験結果に疑問を持った生徒と，それに対する先生との会話です。
これを読み，以下の問いに答えなさい。

生徒：先生，1.0 Ω の抵抗に 1.0 V の電圧をかけたのだから　①　A の電流が流れるはずだと
　　　思いますが，そうなっていません。なぜなのでしょうか。

先生：電源装置の設定も抵抗Cの値も間違っていないのなら，考えられるのは電流計だね。

生徒：電流計が壊れていたということですか？

先生：いや，そうじゃない。電流計の針の付け根を見てごらん。小さなコイルがあるのが見える
　　　かい？

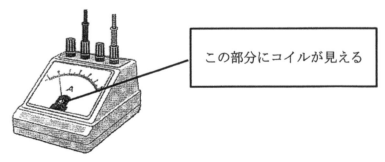

この部分にコイルが見える

電流計はこのコイルに電流を流して電磁石にし，その電磁石と永久磁石との引力を使って針を回しているんだ。つまり，電流計は自分自身に流れている電流の値を指し示すように作られているんだよ。

生徒：なるほど，電流を磁界中に置いたとき力を受けるという $②$ の法則を利用しているという仕組みはわかりました。でも，そのことが予想した電流と違うこととどう関係するのですか？

先生：中学校の教科書には，「長さ 1m，断面積 $1mm^2$ の銅の抵抗値は 0.016Ω」と書かれている。電流計の中のコイルは，小さく見えるけれどとても細くて長い銅線を巻いて作られているからコイルの抵抗は無視できないんだ。

実験結果から考えると，その抵抗値は $③$ Ω ということになるのかな。「金属線の電気抵抗は，長さに比例し，断面積に反比例している」と書いてある教科書もあって，コイルに使われている銅線の断面積が $0.1mm^2$ と仮定して計算すると長さ 6.3m の銅線が巻かれていることになるね。

生徒：そうか，抵抗 C だけでなく，電流計にも抵抗があったので，予想と違った値になったんですね。じゃあ，この方法では正確な抵抗値はわからないことになりますね。

先生：そうとも言えないよ。この実験結果から電流計の持つ抵抗がわかったんだから，それを利用すれば計算で正確な値が出せると思うけどね。

（4）　文章中の空欄 $①$ に適当な数値を入れなさい。

（5）　文章中の空欄 $②$ に当てはまる法則名は何ですか。次の**ア～カ**から適当なものを1つ選び，記号で答えなさい。

　　　　ア オーム　　　**イ** フレミングの右手　　　**ウ** フレミングの左手
　　　　エ 右ねじ　　　**オ** レンツ　　　　　　　**カ** ファラデーの電磁誘導

（6）　文章中の空欄　③　に適当な数値を答えなさい。

（7）　この実験結果から導かれる抵抗値が，より正確な値となるためには，どのような条件が
　　　必要ですか。次のア～エから適当なものを1つ選び，記号で答えなさい。

　　　　ア　電流計の持つ抵抗値をできるだけ小さくする。
　　　　イ　電流計の持つ抵抗値をできるだけ大きくする。
　　　　ウ　電流計の持つ抵抗値の大きさに関係なく，なるだけデジタル式のものを用いる。
　　　　エ　電流計の持つ抵抗値の大きさに関係なく，なるだけアナログ式のものを用いる。

Ⅲ　Ⅱと同じ実験により，電流計の持つ抵抗が 0.50Ω とわかっている電流計があります。この電流計を使って，抵抗値のわからない抵抗 D に電源装置，電圧計，電流計を**図 3** の回路図のようにつなぎ，電源装置の電圧を 10V に調整したところ，電流計の値は 1.0A を示していました。

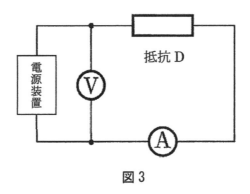

図 3

（8）　この実験結果より，抵抗 D の正確な値は何 Ω となりますか。

（9）　この実験で測定された電圧計の指示値が V〔V〕，電流計の指示値が I〔A〕のとき，抵抗 D の正確な値 R_D はどのように表せますか。V と I を用いて表しなさい。

K 教英出版

K 教英出版

****

日向学院高等学校入学試験問題

****

令和4年度

社　会

(50分　100点)

1 次の日本地図をみて、あとの問いに答えなさい。

問1　地図中1の北海道の道庁所在地の都市名を漢字で答えなさい。

問2　北海道は冷帯気候に属しています。冷帯気候の都市を、次のア～オから1つ選びなさい。

　　ア．カイロ　　イ．ロンドン　　ウ．モスクワ　　エ．ラパス
　　オ．メキシコシティ

問3　北海道は厳しい環境下で、米、小麦、あずきなどの生産が多いことで知られています。下の図は日本の食料自給率（カロリーベース）の推移を示したものです。図中の①と④にあてはまるものを鶏肉、牛肉、米、大豆の中から１つずつ選びなさい。

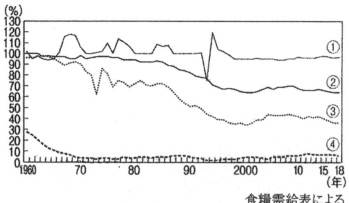

食糧需給表による

問4　次の（1）・（2）はある東北地方の県を説明したものです。あてはまる県名を答え、位置を地図中の２〜７の番号で答えなさい。
　　　（1）三陸海岸の沖合は黒潮と親潮がぶつかるために多くの魚が集まる。気仙沼、石巻は水揚げ量が多い港として有名である。
　　　（2）この県は毎年8月に花笠まつりが開催され、さくらんぼの産地として有名である。天童市は伝統工芸品の将棋の駒で知られている。

問5　地図中５の県庁所在地は北緯40度付近に位置しています。北緯40度付近に位置している都市を、次のア〜オから**2つ**選びなさい。
　　　ア．ペキン　　　イ．ニューヨーク　　　ウ．ブエノスアイレス
　　　エ．ベルリン　　オ．マニラ

問6　東北地方では冷害で稲の生育に大きな影響が出ています。冷害について、季節、場所、風にふれて説明しなさい。

問7　地図中８〜14の関東地方に関する次の文を読んで空欄（　1　）〜（　4　）にあてはまる語句を答えなさい。

　　　関東平野は日本で最も広い平野で、内陸部では（　1　）におおわれた台地が広がっている。関東地方を流れる（　2　）川は日本で最も流域面積が広い川として知られている。東京都には日本最南端の（　3　）島、日本最東端の（　4　）島が含まれている。

問8　次の雨温図A～Cは新潟県上越市、長野県松本市、東京都新宿区の気温と降水量の平均値を示しています。新潟県上越市の雨温図と新潟県の位置している地図の番号の組合せとして最も適当なものを、下のア～カから1つ選びなさい。

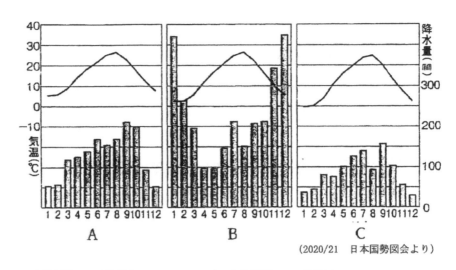

（2020/21　日本国勢図会より）

　　ア．雨温図A・地図中15　　　　イ．雨温図A・地図中16
　　ウ．雨温図B・地図中15　　　　エ．雨温図B・地図中16
　　オ．雨温図C・地図中15　　　　カ．雨温図C・地図中16

問9　地図中19はぶどう、ももの生産量が日本有数で知られています。19の県名と県庁所在地名を答えなさい。

問10　地図中21～24の東海地方に関する記述として**適当でないもの**を、次のア～カから**2つ**選びなさい。
　　　ア．地図中21の県は世界遺産の白川郷の合掌造りで知られている。
　　　イ．地図中22の県はお茶の生産量が全国有数で、うなぎの養殖もさかんにおこなわれている。
　　　ウ．地図中22の県はピアノなどの楽器、オートバイ、製紙なども知られている。
　　　エ．地図中23の県は自動車の生産で有名な豊田市がある。
　　　オ．地図中23の県はコンビナートが形成され四日市ぜんそくが発生した。
　　　カ．地図中24の県は吉野杉や尾鷲ひのきの高い品質で知られ林業が盛んである。

問11　地図中25の県には日本最大の湖があります。湖名を**漢字**で答えなさい。

問12　地図中28の県は日本の標準時の基準となる経線上に位置します。県名と日本の標準時子午線を解答欄にしたがって答えなさい。

問13　地図中31の県は砂丘で知られています。世界を代表する砂漠と大陸名の組合せとして**適当でないもの**を次のア〜オから**2つ**選びなさい。

　　　　ア．タクラマカン砂漠　—　ユーラシア大陸
　　　　イ．グレートビクトリア砂漠　—　オーストラリア大陸
　　　　ウ．ナミブ砂漠　—　北アメリカ大陸
　　　　エ．ルブアルハーリー砂漠　—　南アメリカ大陸
　　　　オ．サハラ砂漠　—　アフリカ大陸

問14　地図37の香川県は瀬戸内気候で降水量が少なく、河川が短いので、ため池をつくるなどして、ある自然災害に備えています。その自然災害を**漢字2文字**で答えなさい。

問15　地図中40〜47の九州地方の各県の特色についての記述として**適当でないもの**を、次のア〜エから１つ選びなさい。

　　　　ア．地図中40の県には以前、八幡製鉄所があり、鉄鋼業で日本の経済を支えた。
　　　　イ．地図中42の県には世界遺産の吉野ケ里遺跡がある。
　　　　ウ．地図中44の県は地域ブランド品として、あじやさばが全国的に知られており、温泉もあり観光客が多い。
　　　　エ．地図中45の県は桜島の火山の噴出物が積み重なってつくられたシラス台地が広がっている。

問16　地図中47の県はさんご礁やマングローブなどの環境保全を考えて自然環境と両立できる観光をめざしています。このような取り組みを何というか**カタカナ**で答えなさい。

問17　世界地理の問題です。貧困のない公正な社会をつくるために、途上国の経済的、社会的に弱い立場にある生産者と、経済的社会的に強い立場にある先進国の消費者が対等な立場で行う貿易が、適正な賃金の支払いや労働環境の整備などを通して生産者の生活向上をはかる目的で行われています。このような貿易を何というか**カタカナ**で答えなさい。

問18　世界地理の問題です。次の文にあてはまる国名を答えなさい。

　　　長い間、アパルトヘイトとよばれる人種隔離政策がとられ、少数派の白人による差別的な支配が続いてきました。長年の反対運動の結果、アパルトヘイトは廃止されました。しかし、白人、黒人の経済格差は解消されていません。

2 次の文章を読んで、あとの問いに答えなさい。

　日向学院の裏門の脇に建つ古い体育館の壁には″ITO MANSHO HALL″と書かれています。「伊東マンショ」は、西都市（当時の都於郡）で生まれ、後にキリスト教徒（キリシタン）になり、天正遣欧少年使節の1人としてヨーロッパに派遣され、帰国後はキリスト教布教に生涯をささげた人物です。その人生を、もう少し詳しくたどってみましょう。

　そもそも伊東氏は、現在の静岡県伊東市を本拠地としていました。鎌倉時代に幕府から宮崎（当時の日向国）のいくつかの荘園の（　A　）に任命されたことをきっかけに宮崎に進出し、①南北朝の時期に宮崎平野に勢力を築きました。そしてマンショの祖父、伊東義祐の時に日南の飫肥城を攻め取り、今の宮崎県の広い領域を治める（　B　）に成長しました。マンショは、その孫として生まれます。

　しかし②伊東氏は後に島津氏と戦って敗れ、マンショたちは大分県（当時の豊後国）に落ちのびます。マンショはその時にキリスト教に出会い、1580年に臼杵で洗礼を受け、やがて司祭を志すようになります。そして長崎の有馬にあったセミナリオ（中等神学校）に入り、ここでイエズス会から派遣されて来日していたヴァリニャーノ神父に出会います。

　当時、ヴァリニャーノ神父は、日本での布教事業の立て直しや日本人司祭の育成を考え、キリシタン大名の名代の使節をローマに派遣することを計画していました。そして、マンショを主席正使とした4人の少年たちが選ばれました。

　彼らは1582年に長崎を出発。大変な苦労を重ねた末に1584年にポルトガルのリスボンに到着します。その後は、スペインの国王フェリペ2世とローマ法王グレゴリオ13世との謁見を果たし、さらに間もなくグレゴリオ13世が亡くなると、新法王シスト5世とも謁見をします。また各地で大変な歓迎を受け、1586年まで各地を巡りました。

　帰りも長い航海を重ね、日本に帰り着いたのは1590年でした。帰国後マンショたち4人は、③豊臣秀吉に謁見し、体験談を報告します。その時マンショは秀吉から仕えるように誘いを受けますがそれを断り、天草にあったノビシャド（修練院）に入ります。そして2年の修練ののちに、④隣接するコレジオ（高等神学校）に進んで勉学を続けます。さらにマカオのコレジオに移って研鑽をかさね、帰国後の1608年に司祭に叙せられました。

　しかし⑤当時の日本は、キリスト教への弾圧が厳しさを増していました。最初に活動の拠点とした小倉は1611年に追放され、次に移った中津も追われて長崎に移り、ここで1612年に病死しています。

　ところで、⑥このようなマンショをはじめとした天正遣欧使節に関わる歴史は、この後にさらに激しさを増すキリスト教の禁止と弾圧の中で歴史から抹消されていきます。この使節団の存在が日本人によって再確認されたのは、1873年でした。⑦岩倉具視を全権大使とする

使節団が、イタリアのヴェネチア国立文書館でこの使節に関わる文書を発見したのです。その後、彼らについての研究が進められ、それには ⑧日向学院の初代校長チマッティ神父も貢献しています。そのような縁もあって本校の一室には、マンショたちがローマ法王のもとへ向かう様子を描いた下の絵が飾られています。ぜひ、入学してから探してみてください。

問1　文中の空欄（　A　）・（　B　）に入る語句として最もふさわしいものを、それぞれ次のア～キから1つずつ選びなさい。
　　ア．戦国大名　　イ．守護大名　　　ウ．地頭　　　エ．守護　　　オ．奉行
　　カ．代官　　　　キ．国司

問2　文中の下線部①に関して、以下の問いに答えなさい。
　（1）この時代が始まったとき、北朝が置かれていた場所を、右の地図のア～エから1つ選びなさい。
　（2）この時期は、その前後も含めて様々な事件が起こっていました。次のⅠ～Ⅲの出来事を年代順に並べた時の正しい組み合わせを、下のア～カから1つ選びなさい。
　　Ⅰ　足利尊氏が後醍醐天皇に対して兵をあげた。
　　Ⅱ　「此比都ニハヤル物…」で始まる落書が二条河原にかかげられた。
　　Ⅲ　楠木正成が鎌倉幕府の大軍と戦った。

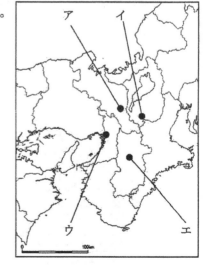

　　ア．Ⅰ－Ⅱ－Ⅲ　　　　イ．Ⅰ－Ⅲ－Ⅱ　　　　ウ．Ⅱ－Ⅰ－Ⅲ
　　エ．Ⅱ－Ⅲ－Ⅰ　　　　オ．Ⅲ－Ⅰ－Ⅱ　　　　カ．Ⅲ－Ⅱ－Ⅰ

問3　下線部②に関して、伊東氏はこの時に領地を失います。しかし後にマンショの叔父にあたる祐岳（すけたけ）が豊臣秀吉に仕え、やがて秀吉から県南地域を知行地として与えられて飫肥城に入城し、以後1871年まで伊東氏が同地を治めることになります。このことに関連して以下の問いに答えなさい。

（1）祐岳が大名の地位に復帰できたことに**関係のない出来事**を、次のア～エから１つ選びなさい。

　　ア．祐岳が、秀吉と徳川家康との戦いに参加した。

　　イ．祐岳が、秀吉が島津氏を降伏させた戦いに参加した。

　　ウ．祐岳が、秀吉が北条氏を滅ぼした戦いに参加した。

　　エ．祐岳が、山崎の戦いに参加した。

（2）伊東氏（飫肥藩）による県南地域の支配が終了した理由を、簡潔に説明しなさい。

問4　下線部③に関して、マンショたちが秀吉に謁見した場所は、秀吉が京都に建てた邸宅でした。その名前を次のア～エから１つ選びなさい。

　　ア．聚楽第　　　　　イ．鹿鳴館　　　　　ウ．花の御所　　　　　エ．東求堂

問5　下線部④に関して、下の写真は、天草のコレジオでマンショたちが持ち帰った印刷機を使って出版された『平家物語』の最初のページです。この本は、外国人宣教師や伝道師が日本語あるいは日本の歴史や習俗を勉強するために、ポルトガル式のローマ字で書かれていますが、３行目から６行目は下記のように書かれています。これを参考に１行目と２行目を、漢字を交えての日本語で書きなさい。

3行目…Hiftoria uo narai xiran to
「ヒストリア（※1）を習い知らんと」
　　　　　　　※1「歴史」のこと

4行目…FOSSVRV FITO NO TAME-
「欲する人のため」

5行目…NI XEVA NI YAVARAGVETA-
「に世話に和らげた」

6行目…RVFEIQENO MONOGATARI.
「る平家の物語」

問6　下線部⑤に関連して、キリスト教への弾圧は、1587年に秀吉が下記の法令を出した
　　ことに始まります。史料を読んで、あとの問いに答えなさい。

> 一、日本は神国であるから、キリシタンの国から邪悪な教えを布教する
> 　　ことは、大変よろしくないことである。
> 一、宣教師を日本に置いておくことはできない。したがって、今日より
> 　　二十日以内に準備して帰国せよ。
> 一、南蛮船については商売が目的なので特別である。今後とも長い年月
> 　　にわたって色々と取引をするように。

（1）この法令の名称を答えなさい。
（2）この法令が出された後、豊臣秀吉はキリスト教信者や宣教師など26人を処刑す
　　　る弾圧を行ってもいますが、信者の数はその後も増加しています。その理由を、
　　　史料の内容との関連で説明しなさい。

問7　下線部⑥に関して、江戸幕府は、マンショの亡くなった1612年に幕領に対して禁教
　　令を出し、翌年にはそれを全国に広めました。以後、幕府はキリスト教の禁止と弾圧
　　を強め、あわせて鎖国の体制を作り上げていきます。その歩みをまとめた次の年表を
　　見て、あとの問いに答えなさい。

西暦	出来事	記号
1616年	ヨーロッパ船の来航地を、（　a　）・（　b　）に制限する。	ⅰ
1623年	（　c　）が（　a　）にあった商館を閉じる。	ⅱ
1624年	（　d　）の船の来航を禁止する。	ⅲ
1639年	（　e　）の船の来航を禁止する。	ⅳ
1641年	（　a　）にあった（　f　）の商館を（　b　）に移す。	ⅴ

（1）年表中の空欄（　a　）〜（　f　）に入る用語を、それぞれ次のア〜キから選
　　　びなさい。
　　　ア．長崎　　　　イ．堺　　　　　ウ．平戸　　　　エ．スペイン
　　　オ．オランダ　　カ．イギリス　　キ．ポルトガル
（2）この年表の中に「島原・天草一揆が起きる」という項目を入れるとすれば、ど
　　　こになりますか。次のア〜エから1つ選びなさい。
　　　ア．ⅰとⅱの間　　　　　イ．ⅱとⅲの間
　　　ウ．ⅲとⅳの間　　　　　エ．ⅳとⅴの間

問8　下線部⑥に関して、このような状況の中、長崎・天草地方のキリスト教の信者は250年間潜伏し、そして奇跡の復活をとげました。この世界でも類を見ない歴史と、キリスト教関連の遺跡や集落、教会が数多く残っていることから、2018年、この地方は「潜伏キリシタン関連遺産」として世界遺産に登録されました。日本でこの次に登録された世界遺産は2019年の「百舌鳥・古市古墳群」（仁徳天皇陵・応神天皇陵を中心とした古墳群）ですが、この古墳群が作られた5世紀の出来事を、次のア～エから1つ選びなさい。

　　ア．小野妹子が隋に派遣された。

　　イ．邪馬台国の卑弥呼が魏に使者を派遣した。

　　ウ．倭の五王が宋に使者を派遣した。

　　エ．遣唐使として犬上御田鍬が派遣された。

問9　下線部⑦に関連して、この使節団は、当時の政府の有力者のほぼ半数が参加し、不平等条約の改正交渉を大きな目的として渡米したものの、それが不成功に終わると欧米各国の視察に重点を移して各地をめぐります。しかし1873年に、彼らの留守を預かっていた人々がまとめた朝鮮に対する強硬論に反対するために急ぎ帰国しました。使節団の人々の反対によって実施されなかったこの対朝鮮政策のことを何と呼んでいますか。**漢字3文字**で答えなさい。

問10　下線部⑧に関連して、チマッティ神父は1926年に来日して、1946年に日向学院を設立した後1965年に亡くなるまで、若者の教育に情熱を注ぎました。彼が来日して亡くなるまでの出来事に関して、あとの問いに答えなさい。

　（1）チマッティ神父が来日後、日向学院を設立するまでの時期に起きた出来事として正しい文章を、次のア～カから**2つ**選びなさい。

　　　ア．関東軍が盧溝橋事件をきっかけとして満州事変を起こした。

　　　イ．加藤高明内閣によって普通選挙法が成立する一方で、治安維持法が制定された。

　　　ウ．ロンドン海軍軍縮条約を結んだ浜口雄幸首相が、反対派に襲われて重傷を負った。

　　　エ．米騒動が大きなきっかけとなって寺内正毅内閣が総辞職し、原敬内閣が誕生した。

　　　オ．日本の国内で、アメリカ・イギリス・中国・オランダによる「ABCD包囲陣」を打ち壊すためにも米・英と開戦をすべき、との意見が強まった。

　　　カ．日本政府はGHQから民主化を命ぜられ、財閥の解体や、農村での地租改正を進めた。

(6)		(7)	g	(8)	mL

3

(1)	①		②		③		④		(2)	
(3)	❶		❷		❸		❹		(4)	

4

(1)	A	Ω	B	Ω	(2)	Ω
(3)	V		(4)		(5)	
(6)			(7)		(8)	Ω
(9)						

問4		問5	

問6	(1)
	(2)

問7	(1)						(2)
	a	b	c	d	e	f	

問8		問9		問10	(1)		(2)	

3

問1		問2		問3	(1)	(2)	問4	(1)	(2)	問5	

問6		万円

問7		問8		問9	A	B	C	D	E

問10		問11		問12	A	B	C	D

令和4年度

社会解答用紙

※100点満点
（配点非公表）

| 受験番号 | | 氏名 | |

1

| 問1 | | 市 | 問2 | | 問3 | ① | ④ | | |

| 問4 | (1) 県名 | 県 | 地図 | (2) 県名 | 県 | 地図 | 問5 | | |

| 問6 | |

| 問7 | 1 | 2 川 | 3 島 | 4 島 |

| 問8 | | 問9 | 県名 | 県 | 県庁所在地 | 市 | 問10 | | |

| 問11 | | 問12 | 県名 | 県 | 経度 経 度 | | |

| 問13 | | 問14 | | 問15 | | 問16 | |

| 問17 | | 問18 | |

2

| 問1 | A | B | 問2 | (1) | (2) |

理科解答用紙

受験番号		氏名	

1

| (1) | ① | | ② | | ③ | |
| | ④ | | ⑤ | | | |

(2)	→ → → →	(3)	倍

(4)		(5)		(6)	

(7)		(8)		(9)	

2

| (1) | | (2) | |
| | | (3) | |

（2）次のⅠ～Ⅲの写真は、1946年から65年の間に撮影されたものです。これらの出来事を年代順に並べたときの正しい組み合わせを、下のア～カから1つ選びなさい。

Ⅰ

東京オリンピック開幕直前に開業した東海道新幹線

Ⅱ

日本の民主主義の危機を感じた市民によるデモ隊が、国会議事堂を取り囲んでいる

Ⅲ

吉田茂首相が条約に調印している

ア．Ⅰ→Ⅱ→Ⅲ　　　　イ．Ⅰ→Ⅲ→Ⅱ　　　　ウ．Ⅱ→Ⅰ→Ⅲ

エ．Ⅱ→Ⅲ→Ⅰ　　　　オ．Ⅲ→Ⅰ→Ⅱ　　　　カ．Ⅲ→Ⅱ→Ⅰ

3 次に示す日本国憲法の条文を読んで、あとの問いに答えなさい。

第1条　天皇は、日本国の（　A　）であり、日本国民統合の（　A　）であって、この地位は、主権の存する日本国民の総意に基づく。

第9条　①日本国民は、正義と秩序を基調とする国際平和を誠実に希求し、国権の発動たる戦争と、武力による威嚇又は武力の行使は、国際紛争を解決する手段としては、永久にこれを放棄する。

第14条　①すべて国民は、法の下に平等であって、人種、信条、性別、社会的身分、又は門地により、政治的、経済的又は社会的関係において、差別されない。

第19条　思想及び良心の自由は、これを侵してはならない。

第22条　何人も公共の福祉に反しない限り、居住、移転及び職業選択の自由を有する。

第24条　①婚姻は、両性の合意のみに基づいて成立し、夫婦が同等の権利を有することを基本として、相互の協力により、維持されなければならない。

第29条　①財産権は、これを侵してはならない。

第59条　②衆議院で可決し、参議院でこれと異なった議決をした法律案は、衆議院で出席議員の3分の2以上の多数で再び可決したときは、法律となる。

第64条　①国会は、罷免の訴追を受けた裁判官を裁判するため、両議院の議員で組織する（　B　）を設ける。

第69条　内閣は、衆議院で不信任の決議案を可決し、又は信任の決議案を否決したときは、10日以内に衆議院が解散されない限り、総辞職をしなければならない。

第77条　①最高裁判所は、訴訟に関する手続き、弁護士、裁判所の内部規律及び司法事務処理に関する事項について、規則を定める権限を有する。

第83条　国の財政を処理する権限は、国会の議決に基づいて、これを行使しなければならない。

第92条　地方公共団体の組織及び運営に関する事項は、地方自治の本旨に基づいて、法律でこれを定める。

第96条　②憲法改正について前項の承認を経たときは、天皇は、国民の名で、この憲法と一体と成すものとして、直ちにこれを公布する。

問1　第1条について、空欄（　A　）に当てはまる語句を**漢字2文字**で答えなさい。

問2　第9条について、次の資料は、1960年に改正された日米安全保障条約の一部である。
　　　これを読んで、この内容として最も適当なものを、下のア〜エから1つ選びなさい。

第3条　締約国は、個別的及び相互に協力して継続的かつ効果的な自助及び相互援助
　　　により、武力攻撃に抵抗するそれぞれの能力を、憲法上の規定に従うことを条件と
　　　して、維持し発展させる。
第5条　各締約国は、日本国の施政の下にある領域における、いずれか一方に対する
　　　武力攻撃が、自国の平和及び安全を危うくするものであることを認め、自国の憲法
　　　上の規定及び手続きに従って共通の危険に対処するように行動することを宣言する。
第6条　日本国の安全に寄与し、並びに極東における国際の平和及び安全の維持に寄
　　　与するため、アメリカ合衆国は、その陸軍、空軍及び海軍が日本国において施設及
　　　び区域を使用することを許される。
第6条の実施に関する交換公文　合衆国軍隊の日本国への配置における重要な変更、
　　　同軍隊の装備における重要な変更並びに日本国から行われる戦闘作戦行動（前記の
　　　条約第5条の規定に基づいて行われるものを除く。）のための基地としての日本国
　　　内の施設及び区域の使用は、日本国政府との事前の協議の主題とする。

　　ア．この条約により、日本の防衛力はそのままの状態で、アメリカだけが日本が武
　　　　力攻撃を受けた場合に、防衛を行っていくことが書かれている。
　　イ．この条約により、アメリカは日本国のみの平和の維持のために、陸海空軍が日
　　　　本の施設（基地）を使用すると書かれている。
　　ウ．この条約により、アメリカ軍配置や装備において重要な変更がある場合は、事
　　　　前協議を行うことが書かれている。
　　エ．合衆国軍隊の構成員が罪を犯した場合、日本の裁判所ではなく合衆国の軍当局
　　　　が裁判権を行使する権利を有する。

問3　第14条と24条に関して、以下の問いに答えなさい。

（1）次の資料は民法第750条、戸籍法第74条と令和3年6月23日に出された選択的夫婦別姓について争われた最高裁判所で出された判決文の要旨です。これらを読んで、最高裁判決に賛成する人の意見として最も適当なものを、下のア〜エから1つ選びなさい。

民法第750条　夫婦が、婚姻の際に定めるところに従い、夫又は妻の氏を称する。

戸籍法第74条　婚姻をしようとする者は、左の事項を届書に記載して、その旨を届け出なければならない。
　　一　夫婦が称する氏
　　一　その他法務省令で定める事項

最高裁令和3年6月23日大法廷決定
　民法第750条が憲法24条に違反するものでないことは、当裁判所の判例とするところであり（最高裁平成26年での判決、氏は家族の呼称としての意義があるもので、家族は社会の自然かつ基礎的な集団単位と捉えられ、その呼称を一つに定めることには合理性が認められる）、上記規定を受けて夫婦が称する氏を婚姻届の必要的記載事項と定めた戸籍法第74条1号の規定もまた憲法24条に違反するものでないことは、明らかである。

ア．夫婦同姓を義務付けている国は、日本を含めて少数しかない。諸外国は法改正により夫婦同姓を廃止する流れである。

イ．女性が姓を改める場合が多く、職業活動を営むうえで、不利益や不都合が生じ、実質的不平等を招いている。

ウ．夫婦が同姓であることは社会に定着しており、家族としての一体感を生むことで家族の絆が強まる。

エ．民法第750条は明治時代に作られたものであり、自立した女性が増えている現代の社会状況を考えると、憲法第14条や24条に違反していると考えられる。

（2）次のグラフは、選択的夫婦別姓についてのアンケートの結果です。このアンケートの結果で読み取れることとして最も適当なものを、下のア～エから１つ選びなさい。

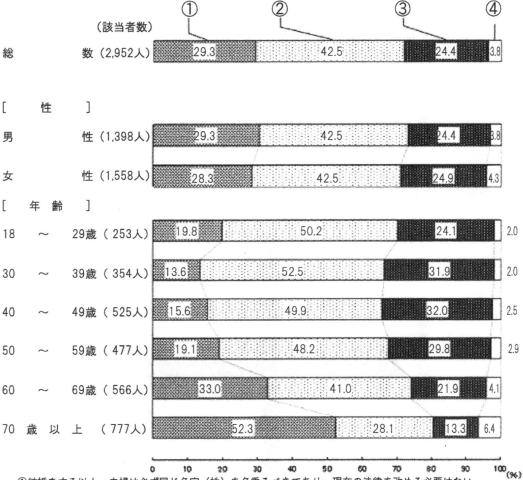

①結婚をする以上、夫婦は必ず同じ名字（姓）を名乗るべきであり、現在の法律を改める必要はない。

②夫婦が婚姻前の名字（姓）を名乗ることを希望している場合には、夫婦がそれぞれ婚姻前の名字（姓）を名乗ることができるように法律を改めてもかまわない

③夫婦が婚姻前の名字（姓）を名乗ることを希望していても、夫婦は必ず同じ名字（姓）を名乗るべきだが、婚姻によって名字（姓）を改めた人が婚姻前の名字（姓）を通称としてどこでも使えるように法律を改めることについては、かまわない

④わからない

家族の法制に関する世論調査（内閣府）より抜粋

ア．夫婦同姓を求めているのは男性より女性の方が多い。

イ．年齢別にみると、30歳以上では年齢が上がるにつれ、夫婦別姓をのぞまない人が増えている。

ウ．夫婦別姓ができるように法律改正をのぞむ人の割合は、年代別でみると、60歳未満ではいずれも過半数を超えている。

エ．衆議院議員の平均年齢が55.5歳だから、夫婦別姓に関する法律改正は難しい。

問4　憲法第19条と22条に関して、国や地方公共団体の政策や制度を検討する際に考慮すべきと思われる観点を次の二つに整理しました。

> （ア）公共的な財やサービスについて、民間の企業による自由な供給に任せるべきか、それとも民間ではなく国や地方公共団体が供給すべきか。すなわち、経済的自由を尊重するのか，しないのか、という観点。

> （イ）国や地方公共団体が政策や制度を決定する場合に、人々の意見の表明を尊重するのか、しないのか。すなわち、精神的自由、とりわけ表現の自由を尊重するのか、しないのか、という観点。

　いま、（ア）の観点を縦軸にとり、（イ）の観点を横軸にとって、次のような四つの領域を示すモデル図を作ってみました。

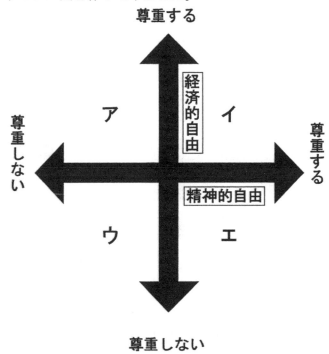

　以上の観点とモデル図をふまえると、次の（1）と（2）で述べた政策や制度、国や地方公共団体の在り方は、ア～エのいずれの領域に位置すると考えられるか、それぞれア～エから答えなさい。
（1）新型コロナウィルスの影響で地方公共団体の指導により、飲食店の営業時間が制限された。また、この政策に対する批判的な意見は厳しく取り締まった。
（2）新型コロナウィルスによる外出自粛のため、インターネットによる販売の規制を緩和し、自由に販売できるようにした。インターネット上で販売された商品についてたくさんのコメントが書かれるようになったが、それらについて、悪質なものでも国による取り締まりは行わなかった。

問5　憲法第29条に関して、住宅を購入するために銀行から2000万円の借金（住宅ローン）をしました。年利は３％です。この時点での１年間の利息はいくらになるか、解答欄にしたがって数字で答えなさい。

問6　憲法第59条に関して、国会では法律案・予算の承認・条約の承認・内閣総理大臣の指名について衆議院の優越があります。参議院よりも衆議院を優先している理由を説明しなさい。

問7　憲法第64条について空欄（　Ｂ　）には、不適任であると訴えられた裁判官についての裁判を行う裁判所名が入ります。当てはまる語句を**漢字**で答えなさい。

問8　憲法第69条に関して、衆議院が解散した後、新しい内閣総理大臣が指名されるまでの順序として最も適当なものを、次の図ア〜エから１つ選びなさい。

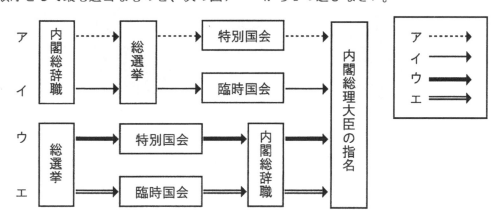

問9　憲法第77条に関して、第79条に最高裁判所の裁判官についての記述があります。この内容について正しい文章となるように**Ａ〜Ｅ**中のア〜ウのなかから適当なものを選びなさい。

　最高裁判所の裁判官はＡ（ア．４年　イ．８年　ウ．10年）ごとにＢ（ア．衆議院　イ．参議院　ウ．衆議院・参議院両方の）議員の総選挙の際に、Ｃ（ア．国民投票　イ．国民年金　ウ．国民審査）が行われ、国民が裁判を民主的に統制する制度が整っている　また、最高裁判所長官は、Ｄ（ア．天皇　イ．国会　ウ．内閣）が指名を行い、Ｅ（ア．天皇　イ．国会　ウ．内閣）が任命をする。

問10　憲法第83条に関して、景気の調整を行う際にどのような財政政策を行うかについて述べた次の文章の空欄（　C　）・（　D　）に当てはまる語句の組合せとして最も適当なものを、下のア〜エから１つ選びなさい。

> 景気がよくないときの財政政策は、景気を上げるために公共事業を（　C　）、（　D　）を行う。

ア．C−増やし　　D−増税　　　　　イ．C−増やし　　D−減税
ウ．C−減らし　　D−増税　　　　　エ．C−減らし　　D−減税

問11　憲法第92条に関して、次のグラフは東京都、愛知県、鳥取県の2015年度の歳入を示したグラフです。グラフ E〜G はそれぞれどこの都県のものか、その組合せとして最も適当なものを、下のア〜カから１つ選びなさい。

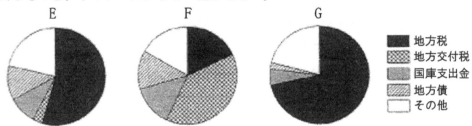

ア．E−東京都　　　F−愛知県　　　G−鳥取県
イ．E−東京都　　　F−鳥取県　　　G−愛知県
ウ．E−愛知県　　　F−東京都　　　G−鳥取県
エ．E−愛知県　　　F−鳥取県　　　G−東京都
オ．E−鳥取県　　　F−東京都　　　G−愛知県
カ．E−鳥取県　　　F−愛知県　　　G−東京都

問12　憲法第96条にについて、96条の①項には、憲法改正の手続きが書かれています。憲法改正の手続きについて書かれた次の文章が正しくなるように、A〜D中のア・イのなかから適当なものを選びなさい。

> 憲法の改正は、各議院の A（ア．出席議員　イ．総議員）の B（ア．3分の2以上　イ．過半数）の賛成で、国会が、これを発議し、国民に提案してその承認を得なければならない。この承認には特別の C（ア．世論調査　イ．国民投票）において D（ア．3分の2以上　イ．過半数）の賛成を必要とする。